SERVIETTEN FALTEN
UND
TISCHE DECKEN

MARIO

Rosemie von Lichtenau

Farbiger Ratgeber
SERVIETTEN FALTEN UND TISCHE DECKEN

Buch und Zeit Verlagsgesellschaft mbH · Köln

In gleicher Ausstattung sind erschienen: eine Reihe Kochbücher mit leckeren Rezepten für jeden Geschmack sowie weitere interessante Ratgeber zu verschiedenen Themen

Meinen beiden Männern, dem großen Günter und dem kleinen Florian, denen es immer wieder Freude macht, den Tisch liebevoll zu decken.

Rosemie von Lichtenau

Der Geschmack ist die Kunst, sich auf Kleinigkeiten zu verstehen.

Jean-Jacques Rousseau

Liebe zur Schönheit ist Geschmack. Das Schaffen von Schönheit ist Kunst.

Ralph Waldo Emerson

ISBN 3-8166-9626-0

INHALT

EIN WORT ZUVOR

Meine Mädchenjahre begleitete das heißgeliebte »Nesthäkchen« – eine Buchserie von Else Ury. Etwas hat sich mir besonders eingeprägt: Der kleinen Annemie wurde beigebracht – egal wie einfach die Mahlzeit sei –, den Tisch liebevoll zu gestalten. Eine hübsche Decke, Kerzen und Blümchen sollten nie fehlen. Von Kindesbeinen an war dies die Aufgabe, die mir zugeteilt wurde. Und ich erinnere mich, daß ich zur Verzweiflung meiner Großeltern ganze Wagenladungen von Wald- und Wiesensträußen, Stofftiere und Puppen auf den Tischen arrangiert habe, so daß kaum Platz zum Essen und keine Vase ungefüllt blieb.
In diesem kleinen Büchlein möchte ich vor allem zur Phantasie anregen. Empfangen Sie Ihre Gäste mit zauberhaften Tischen. Nicht die wertvollen Porzellane, Gläser und Silberbestecke sind es, die einen gedeckten Tisch zu einer Tafel machen, an der man gern Platz nehmen möchte: Es ist die Liebe zum Detail, die kleinen unnützen Accessoires, die man mit wenigen Handgriffen selbst herstellen kann, die kleinen Geschenke für den Gast, die ihm zeigen, wie herzlich willkommen er ist. Auch möchte ich vermitteln, daß es nicht die teure Tischdecke sein muß, auch ein linnenes Bettuch vom Flohmarkt, eine Zeitung, ein altes Plakat können eine reizvolle Unterlage sein, so wie es auch kein komplettes Kaffeeservice sein muß: warum nicht ein Blümchengedeck von der Großmutter, eines vom Trödler und eines von der alten Tante. Warum eine teure Sektglasserie: Viel witziger kann ein Sammelsurium von übriggebliebenen Gläsern sein. Beziehen Sie auch die Spielsachen Ihrer Kinder, Sammlungen aller Art von Streichholzschachteln über Enten oder Papierbeschwerer zu Räuchermännchen und Nußknackern in Ihre Überlegungen mit ein. Ebenso gut kann man aus eigentlich zum Wegwerfen bestimmten Dingen lustige Zutaten gestalten.

Natürlich taugt der schönste Tisch nichts, wenn nicht auch etwas Ordentliches auf dem Teller liegt! Etwas eleganter hat es ein Verfechter der feinen Tafelkunst ausgedrückt: »Wer seine Freunde empfängt und sorgt nicht persönlich für das Mahl, verdient keine Freunde«. Man sollte sich ein Essen ausdenken, das man voll drauf hat. Glauben Sie nicht, daß Ihre Gäste ein Menü à la Witzigmann erwarten: Das schafft man ohne Hilfe sowieso nicht, nicht einmal er selbst. Eine meiner Freundinnen probiert ein Menü, das sie ausersehen hat, im engsten Familienkreis mindestens zweimal aus, bevor sie sich damit an die »Öffentlichkeit« wagt; die amerikanische Frau meines besten Freundes beherzigt den Ratschlag ihrer Mutter, der besagt, nicht das Essen und nicht die Dekoration sind wich-

tig, sondern der Drink vorher: ein paar »Knieschüsse« vorneweg, und keiner wird deine Kochkünste und deine »tollen« Dekorationen bemerken; alles wird den Gästen ohnehin im rosigen Licht erscheinen. So hat jeder seine Methoden, Gäste glücklich zu machen. Jedenfalls sind ein hervorragend angerichteter Kartoffelsalat und raffiniert gewürzte Frikadellen, eine leckere Linsensuppe, knuspriges Brot, selbstgemachtes Schmalz und guter Käse von fröhlichen Gastgebern serviert weitaus besser, als wenn sich jemand an komplizierten Rezepten versucht, die ihn überfordern. Und was spricht dagegen, jemand zu herrlichem Käse, frischem Weißbrot, Nüssen, Trauben und ein paar guten Weinen einzuladen? Wenn die Gäste gut gelaunt sind, der Rahmen passend arrangiert wurde, haben Sie sich einen Stern verdient, auch ohne Nouvelle cuisine. Mit einfachsten Mitteln lassen sich hinreißende Tafeldekorationen gestalten. Bitten Sie zum Beispiel zum Erntedankfest, und dekorieren Sie den Tisch mit pausbäckigen Äpfeln, den verschiedensten Kartoffelsorten, Knoblauchzöpfen, Zwiebeln und bunten Bändern. Wenn Sie dann auf ein fröhlich schmausendes, sich angeregt unterhaltendes Völkchen blicken, Freunde mal wieder zusammengebracht haben, wissen Sie, daß sich die Mühe gelohnt hat. Nun viel Spaß bei Ihrem nächsten Fest, vielleicht kann ich Ihrer Phantasie einen kleinen Anschubser geben.

Ihre Rosemie von Lichtenau

P.S. Sie werden in diesem Buch viel Zubehör finden, von dem man denken könnte, es sei teuer. Mitnichten: Das meiste ist selbst gemacht, und das können Sie auch! Besuchen Sie zum Beispiel einen Keramikkurs an der Volkshochschule: In Städten ist das Angebot groß, aber fast jedes Dorf hat inzwischen auch solche Möglichkeiten. Ihre Kreativität kann sich entfalten, Sie knüpfen Kontakte und bekommen eine Reihe neuer Impulse. Übrigens brennen Ihnen auch viele Bastelläden Ihr Getöpfertes. Finden Sie keine Zeit und keine Gelegenheit, dann stellen Sie sich Ihr Zubehör aus Salzteig her: ihn kann man spielend leicht im Herd zu Hause backen.

PLANUNG UND VORBEREITUNG

EINLADUNGEN

Alles beginnt mit einer hübsch gestalteten Einladungskarte, wenn es sich nicht um eine spontane Einladung handelt, die man natürlich telefonisch machen kann. Mehrere Grundregeln sollte man beachten:
Mindestens 14 Tage vorher sollte die Einladung verschickt werden, damit genügend Zeit für die Rückantwort bleibt. Es wird dankend aufgenommen, wenn man außer dem genauen Datum, der Uhrzeit und der Ortsangabe einen Wegweiseplan beilegt: Einladungen werden meist für abends ausgesprochen, und man findet sich in fremden Städten durch neue Einbahnstraßen etc. schwer zurecht. Je präziser der Plan, um so hilfreicher. So trifft der Gast nicht völlig erschöpft kurz vor Ende des Festes ein. Eine frankierte, adressierte Rückantwortkarte sollte beigelegt werden mit der Bitte, innerhalb einer gewissen Frist zu antworten.
Genaue Bekleidungsvorschriften sollte man angeben, denn nichts kann für den Gast so peinlich sein, wie in Krachledernen zu erscheinen, während der Gastgeber hochelegante Gäste erwartet. Exakte Angaben, ob die Feier bäuerlich leger oder festlich elegant sein soll, können Unannehmlichkeiten ersparen. Ist eine Fußwanderung vorgesehen, in die Einladungskarte bitte hineinschreiben, daß gutes Schuhwerk zum Wandern erwünscht ist oder daß der Badeanzug zum Schwimmfestival oder die flotten Slipper zum Rock and Roll benötigt werden. So liegt es auch von vornherein im Ermessen des Eingeladenen, ob er kommen will: Vielleicht ist er Nichtschwimmer oder ein Tanzmuffel. Natürlich ist es auch

möglich, daß der Eingeladene die Karte nicht richtig durchliest, dann kann es in Einzelfällen dennoch zu Mißverständnissen führen, was ein guter Gastgeber in irgendeiner Form ausbügelt. Ich vergesse nie eine unserer Einladungen zur Faschingszeit: Von Maskierung stand nun wirklich nichts drin, das hatte ein Gast falsch verstanden, und er stand in voller Maskerade im Eingang. Das Helau blieb ihm im Halse stecken, als sich die erwartungsvollen Augen der anderen im »kleinen Schwarzen« auf ihn richteten.

Ist eine Übernachtung für den Gast vorgesehen, nicht vergessen, die genaue Anschrift der Schlafstätte anzugeben oder den Gast zu bitten, sich selbst um ein Hotel zu bemühen. Ebenso sollte die Einladung beinhalten, ob der Gastgeber die Kosten übernimmt oder ob das der Eingeladene selbst bezahlen muß. Genauso wichtig ist, daß genau bekanntgegeben wird, zu was man eingeladen ist, ob zum Abendessen oder nur zu einem Drink nach dem Konzert, ob zu einem Frühstück oder zur nachmittäglichen Kaffeestunde, ob bei einer Hochzeit, nur zum Sektempfang oder auch zum anschließenden Essen.

Wichtig ist es, die genau Zeit anzugeben. In manchen Regionen wird bereits um 11.30 zu Mittag gegessen, in anderen Familien gibt es zu diesem Zeitpunkt allenfalls einen Brunch. High Tea beginnt bei einem Engländer um 17 Uhr, andere nehmen ihren Tee vielleicht wesentlich früher ein. Auch angesichts des häufig internationalen Freundeskreises beherzige man folgendes: Je ausführlicher die Einladung, desto weniger kann sich der Gast falsche Vorstellungen machen und dann enttäuscht sein. Und das ist der Schlüssel zu einem erfolgreichen Fest.

Ebenso wichtig ist: Nicht Sie sind Ihr Gast, sondern Sie sind Gastgeber. Versuchen Sie, Ihre Gäste glücklich zu machen: Das ist manchmal nicht ganz einfach, wenn es komplizierte Persönlichkeiten sind, aber es gelingt, wenn Sie versuchen, die Wünsche Ihrer Freunde zu erahnen. Es ist besser, gar nicht als schlecht einzuladen. Wenn ich gern tanze, kann ich noch lange nicht davon ausgehen, daß andere das auch tun. Es ist zum Beispiel unangebracht, sich in Schlangenbewegungen vor dem Spiegel zu ergehen und dabei die Gäste links liegen zu lassen, nur um Publikum für sein Tanztalent zu haben. Es ist schlechter Stil, sich nicht permanent um die Gäste zu kümmern, sich nicht nach ihren Wünschen zu erkundigen und nicht bei jedem das Möglichste zu versuchen. Wenn ich einlade, darf nicht mein Vergnügen im Vordergrund stehen, sondern das der anderen. Auch sollte man sich genau überlegen, wie viele Gäste man sich zutraut. Eine große Anzahl von Eingeladenen erfordert sehr viel an Organisation und Fingerspitzengefühl. Auch Arbeitsteilung ist wichtig: Jeder sollte genau informiert sein, was er an Hilfe beitragen kann. Vor allem muß man dafür sorgen, daß die Gäste miteinander bekannt gemacht werden. Schließlich kennt man seine Freunde. Für den Gastgeber ist es relativ leicht, Gleichgesinnte zusammenzubringen. Für den Gast ist es ungleich schwerer, den Seelenverwandten unter einer größeren Anzahl herauszufinden. Menschen zueinanderzuführen ist die Grundidee eines Festes. Daß jeder für sich selbst sorgt, kann man nicht erwarten. Wenn man als Gastgeber gerade alle Hände voll zu tun hat und sieht, daß sich jemand langweilt, bittet man einen besonders attraktiven oder gesprächigen Gast, sich ein wenig um denjenigen zu kümmern.

Es gibt fertig gedruckte Einladungskarten, in die man nur die persönlichen Daten und Wünsche handschriftlich einträgt. In vielen Kaufhäusern druckt man die Karte nach Ihren Wünschen. Welches Papier oder gar welcher Stoff, bleibt da Ihrem Geschmack und Ihren finanziellen Möglichkeiten überlassen.

Viel reizvoller ist es, seine Einladungskarte selbst zu gestalten, dazu muß man keineswegs ein Malgenie sein. Man zeichnet sich etwas auf, malt es aus und läßt es drucken, man schneidet etwas aus Zeitschriften aus, verbindet es zu einer Collage und fotokopiert es: Fotokopiermöglichkeiten gibt es überall. Die Einladung erhebt ja keinen künstlerischen Anspruch, sie sollte nur originell sein. Nehmen Sie zum Beispiel das Kalenderblatt des Festtages, schreiben dazu, was Sie an Daten mitteilen wollen, und schon ist eine superbe, einprägsame Einladung fertig. Zu Kindergeburtstagen, zu denen meist Kinder der näheren Umgebung erscheinen, schicken Sie Ihren Sprößling mit einer Flaschenpost los: eine mit Stöpsel versehene Flasche, in die Sie eine Einladung gerollt haben. Oder lassen Sie eine Miniflasche auf die Reise gehen: Statt eines Etikettes ist sie mit Ihrer Einladung versehen.

Klasse ist es, wenn Sie Ihre Party unter ein bestimmtes Motto stellen können. Vieles ergibt sich aus dem Anlaß: Bauernhochzeit, Schlachtfest, Herbstfest (getrocknete Blätter), Kindergeburtstag (ausgeschnittene Lieblingsfiguren aus Kinderzeitungen), Rosenhochzeit (Rosenabbildungen aus alten Katalogen), Sektfest (halbierte Korken). Oder Sie verwenden ein Gedicht Ihres Lieblingsschriftstellers oder ein Märchen, das Sie Ihren Freunden gern mitteilen wollen.

Übrigens ist es eine gute Idee, zu Geburtstagen von Freunden die fertig gestaltete Menükarte als Einladung zu versenden. Der Beschenkte kann sich so im vorhinein auf ein Essen außer der Reihe bei Ihnen freuen.

MAI · MONTAG

8

*

... ob Harry S. Truman selbst
gekocht hat, weiß ich nicht.
Daß ich es sehr gerne tue, weiß
ich genau. Wieder einmal möchte
ich es für meine Freunde tun
und lade Euch deshalb
herzlich ein.

Um 19.30 Uhr geht es los
mit dem Aperitif, um 20 Uhr
mit der Vorspeise.

Kleidung: ganz wie es
Euch gefällt. Aber bitte
ruft mich kurz an, ob Ihr
kommt!

Euer Günter

HANDICAP

Wer die Hitze nicht
aushält,
gehört nicht in die
Küche. *

Harry S. Truman
(1884–1972),
amerikanischer
Staatsmann,
33. Präsident
der USA

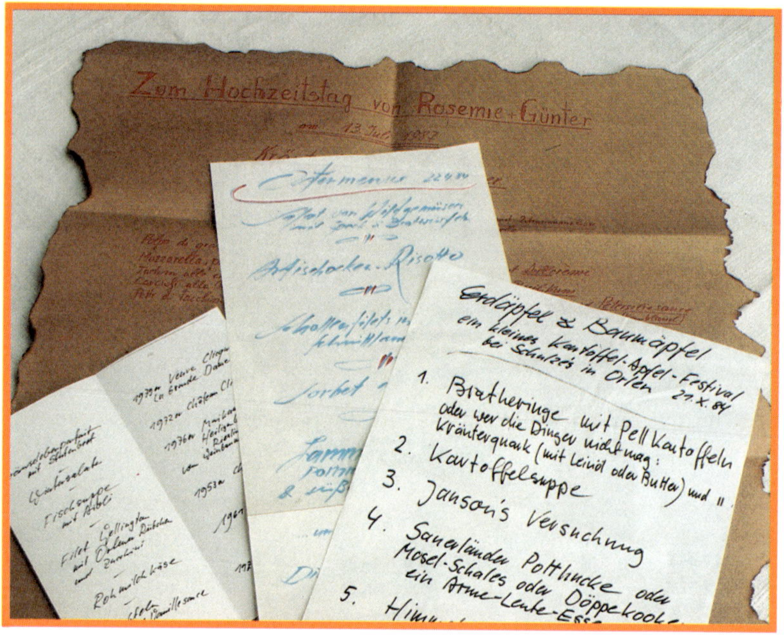
Zum Hochzeitstag von Rosemie + Günter
Artischocken-Risotto
Erdäpfel & Baumäpfel
ein kleines Kartoffel-Apfel-Festival
bei Schulze's in Orlen 21.X.84
1. Bratheringe mit Pell Kartoffeln
oder wer die Dinger nicht mag:
Kräuterquark (mit Leinöl oder Butter) und
2. Kartoffelsuppe
3. Janson's Versuchung
4. Sauerländer Pottlucke oder
Mosel-Schales oder Döppekooke
ein Arme-Leute-Ess
5.

Einladung
Ute und Michael von Johnston
bitten
Herrn und Frau Schulze
zu einem
SOMMER-
FEST
am 21. 6. 86
in die Räume
der Sektkellerei
Carl Graeger in Hochheim
Mainzer Straße 23
19.30 Uhr
u. A. w. g. bis 10. 6. 86 an
Wiesbaden

TISCHKARTEN

In Kartoffel, Äpfel, Orangen, Zitronen und andere Früchte werden Namenskärtchen gesteckt, Golf- oder Tennisbälle werden mit Namen versehen, ebenso getrocknete Zierkürbisse: Zur besseren Standfestigkeit werden kleine Ringe aus Papprollen geschnitten, auf die man nicht gerade stehende Dinge setzen kann. Oder mopsen Sie Ihrem Kind ein wenig Knete dafür.
Ihrer Phantasie sind keine Grenzen gesetzt: Figuren, Pilze, Gartenzwerge und Mainzelmännchen werden »benamt«, auf Weihnachtskugeln und getrocknete Blättern, auf Eier und kleine Spiegel, auf Buttons, Steine, alte Scherben (die man auf winterlichen Äckern zuhauf findet), auf Schneckenhäuser und kleine Tontöpfchen kann man mit Wasserfarben oder besser mit einem Permanentstift die Namen der Gäste schreiben.
Kleine Päckchen, Samentüten, Marmeladengläschen und Miniflaschen kann man mit Etiketten oder Anhängeschildchen versehen. Hutzelmännern, Schneemännern, Nikoläusen, Zwergen und Püppchen kann man Namensschilder in die Hand geben. Kräutertöpfe erhalten Namensstöckchen, alte Fahrkarten einen Namen. Fotos, die beim letzten Fest gemacht wurden, werden in einem Aufstellrahmen präsentiert. Auf Serviettenringe werden Initialen aufgemalt, in Gläser eingeritzt oder mit Nagel-

Eike
Petra

Eilzustellung
Exprès
80
Herrn
Dieter Bolten

Florian

Tante
Liesel
Albert
Florian
Edith
Rosemie

lack aufgetragen. Auf Kochlöffel pinselt man Namen oder brennt sie ein, auf Tassenspitzendeckchen werden sie gemalt, oder man steckt sie in kleine Säckchen. Anfangsbuchstaben werden aus Draht oder Pfeifenstopfern gebogen, aus Salzteig geformt, gebacken und bemalt, aus Keramik hergestellt, auf Keramikherzchen, leere Büchsenmilchdosen, auf Streichholzschachteln gemalt oder auf Glanzkarton graviert. Petits fours werden damit versehen, Hampelmänner mit den Initialen werden gebacken, die Buchstaben werden in Butter geritzt oder mit Kräutern in Butter »ausgemalt«. Tagungsschildchen werden an die Serviette gepinnt, auf Osterlämmchen oder Sparschweine gesteckt, Servietten und Tischsets werden mit dem Monogramm bestickt. Unendlich ist die Anzahl der Möglichkeiten!

TISCHORDNUNG

Nun wäre ich bereits bei der vielgerühmten und viel gefürchteten Tischordnung. In der Tat ist sie meist eine heikle Sache. Die Stimmung steht und fällt mit der geschickten Auswahl und Zusammensetzung der Gäste. Eins steht fest: Man sollte möglichst nichts dem Zufall überlassen und sich viel Mühe mit dem »Nebeneinander« geben. Einen Plan genau auszuklügeln fällt um so leichter, wenn man seine Freunde sehr gut kennt, soweit man Menschen überhaupt kennen kann. Wie die Gäste bei einer Hochzeit üblicherweise plaziert werden, sieht man auf der Zeichnung rechts. Ist die Anzahl der Gäste zu groß, oder ist man sich nicht ganz sicher, wer mit wem kann, dann ist eine Lotterie am Anfang angebracht. Das kann so vonstatten gehen: In einem Korb liegen grüne Lose mit Zahlen, in einem anderen rote. Die grüne Fünf geht mit der roten Fünf zu Tisch. Stattdessen kann man Namen berühmter Leute nehmen: So sucht Napoleon seine Désirée, Sokrates seine Xanthippe, Linkerton vereint sich mit seiner Butterfly, Mimi ordnet sich Rudolf zu, Hänsel sucht seine Gretel. Keiner kann dem Gastgeber böse sein, wenn er zufällig seinem »Erzfeind« zugeordnet wird, denn die Auslosung läßt sich schwerlich manipulieren. Für Schüchterne hat es zudem den Vorteil, daß sie ins Gespräch kommen: »Sind Sie vielleicht Napoleon?« Bei sehr großen Veranstaltungen kann man auch nur die Tische benennen (zum Beispiel Tisch »Bismarck« und Tisch »Talleyrand«) und vier Paare einem Tisch zuordnen; untereinander können sich die Gäste setzen, wie sie wollen. Die Gefahr ist natürlich die, daß in einem solchen Fall immer die gleichen Leute zusammensitzen, möglichst noch die Ehepartner, und das ist nicht der Sinn der Sache. Um auch mal mit anderen Menschen zu kommunizieren, ist es nötig, die Partner rigoros zu trennen. Übrigens »dürfen« nur unverheiratete Paare zusammengesetzt werden.

Bei mehr als 30 Gästen ist es eine ganz gute Sitte, im Vorraum eine Sitzordnung auszulegen und wenn möglich auch eine Gästeliste. Meist wird sie nicht ganz richtig sein, da oft in der letzten Minute einige Absagen kommen oder ein Freund sich zwischen zwei Partnerinnen nicht entscheiden kann und beide mitbringt. Hauptsache, das Gros der Eingeladenen stimmt. Gibt es mehrere Absagen im letzten Moment, deckt man schnell wieder aus oder setzt die Gäste enger zusammen. Keinesfalls läßt man Tische halbvoll, sondern man schließt die Lücken. Hat man nicht genügend freiwillige Helfer, so könnte man gleich bei der Auslosung Hilfe für jeweils einen Gang beim Servieren und beim Abräumen erbitten.

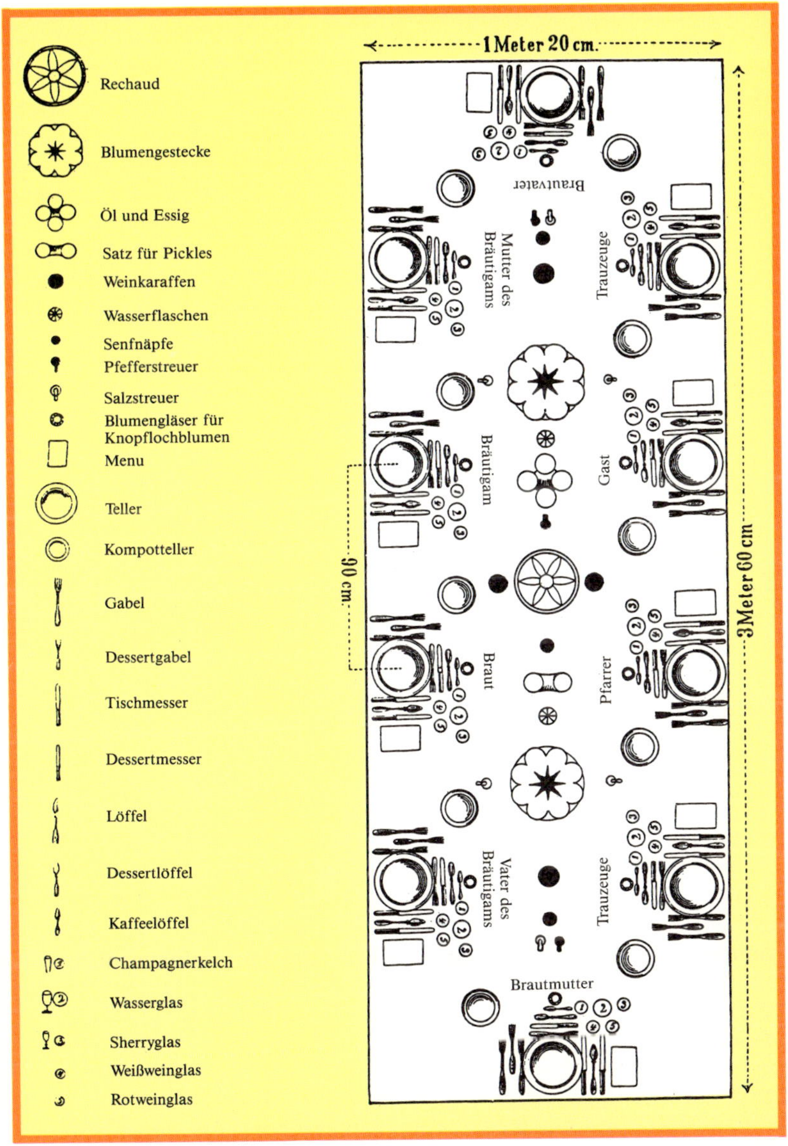
Rechaud
Blumengestecke
Öl und Essig
Satz für Pickles
Weinkaraffen
Wasserflaschen
Senfnäpfe
Pfefferstreuer
Salzstreuer
Blumengläser für Knopflochblumen
Menu
Teller
Kompotteller
Gabel
Dessertgabel
Tischmesser
Dessertmesser
Löffel
Dessertlöffel
Kaffeelöffel
Champagnerkelch
Wasserglas
Sherryglas
Weißweinglas
Rotweinglas
1 Meter 20 cm.
3 Meter 60 cm
90 cm.
Brautvater
Mutter des Bräutigams
Trauzeuge
Bräutigam
Gast
Braut
Pfarrer
Vater des Bräutigams
Trauzeuge
Brautmutter

MENÜKARTEN

Eine nette Geste ist es, eine Menükarte zu gestalten, die sich jeder Gast mitnehmen kann. Ist es zeitlich nicht möglich, mehrere Exemplare zu fabrizieren, kann man die Gangfolge auf einer großen handgeschriebenen Karte anschlagen. Oder man schreibt sie mit Kreide auf eine Schiefertafel, mit Permanentstift auf einen Spiegel oder eine Glasscheibe, mit dem Pinsel auf eine Plakat. Als ganz großer Künstler kann man das Menü auf einer Marzipanplatte gestalten, auf Teller oder Taschentücher in Siebdruck drucken, auf Tortendeckchen, Flaschen, Steine oder auf Holzbrettchen schreiben.
Bei einem besonderen Anlaß kann man historische Menükarten auslegen und aus jeder Karte einen Gang kochen, den man jeweils ansagt. Bei kleineren Essen ist es ja ohnehin so, daß man jeden kommenden Gang lauthals verkündet, am besten vorneweg das komplette Menü vorstellt, damit sich jeder ein Plätzchen für seine Lieblingsgänge im Magen lassen kann.

Dresdner
Schriftsteller- und Journalisten-Tag

Sei froh begrüßt, Du edle Tafelrunde,
Des freien Geistes wackere Ritterschaar,
Die Du dem schönen Elbflorenz giebst Kunde
Von manchem schönen Dichter-Exemplar.
Ob's gegen alle Sitten
Recht oftmals — aufgeschnitten —
Ob wir's ganz zugeheftet noch gefunden,
Heut sei es — bitte! — möglichst ungebunden.

Speise-Karte.

Suppe von Federvieh
Champignons nach jüngstdeutscher Art
Recensions-Exemplare von Rindsrippe mit jungen Gemüsen
Ostender Steinbutt mit Feuilleton-Sauce
Fasan aus dem Wilden-Bruch
(aufgeschnittene Exemplare werden nicht zurückgenommen).
Gefrorenes nach Art der Intendanten und Verleger
Lesefrüchte

Nur nicht ängstlich greife zu,
Dazu gab Dir Gott zwei Hände,
Doch bist auch ein Redner Du,
Sind' zur rechten Zeit das Ende.
Wackre Ritter von der Feder,
Zieht nun wohlgemuth vom Leder,
Seien's Fische, Braten, Wein,
Die Parole heißt „Haut ein!"

Dresden, 10. October 1892.

AUSSTATTUNG

TISCHE

Man braucht nicht unbedingt einen »richtigen« Tisch, um Gäste stimmungsvoll zu bewirten. Besonders für jüngere Gastgeber kann es reizvoll sein, zum Beispiel ein indisches Fest zu arrangieren: Hierzu wird alles auf den Teppich verlagert, möglichst mit vielen Seidenkissen. Auch eine russische oder chinesische Teestunde könnte einfach auf dem Boden stattfinden. Oder lassen Sie Ihre Gäste auf einer Sommerwiese Platz nehmen. Wie wäre es mit einem Osterfrühstück auf einer Bank am Waldesrand oder mit einem Tête-à-tête auf dem Hochsitz?

An jedem Tisch läßt es sich tafeln, ob rund, oval oder eckig, ob aus Glas, Holz oder Marmor. Vom Tapeziertisch bis zu einer ausgehängten Tür, die man auf zwei Böcke legt, wie man sie mittlerweile für wenig Geld erstehen kann, läßt sich alles benutzen.

Die örtlichen Gegebenheiten und die Anzahl der einzuladenden Personen sind entscheidend dafür, ob man ein »gesetztes« Essen veranstalten kann oder eine Stehparty mit Buffet, wobei nur ein paar Sitzgelegenheiten für etwas ältere oder müde Gäste eingeplant werden müssen. Man sollte darauf achten, daß die Gäste nicht zu beengt sitzen, also für Ellenbogenfreiheit sorgen.

TISCHDECKEN, SETS UND BÄNDER

Es gibt unendlich viele Möglichkeiten, seinen Tisch hübsch zu bekleiden: »Tischleindeckdich« mit Leinen, Damast, Seide, Spitze und Samt. Gestickte Decken passen zum Frühling, zu Ostern, zu Sommer, Herbst und Winter, Weihnachten und anderen Gelegenheiten. Ob sie selbst gestickt sind, auf dem Flohmarkt erstanden oder ob es preiswerte Stickereien zum Beispiel aus China sind, spielt keine Rolle.
Aber warum immer ausgetretene Pfade gehen? An einem Kindergeburtstag legt man den Tisch mit Packpapier aus, Buntstifte dazu: So entstehen ganz nebenher noch lustige Bilder. Man nimmt einen fröhlichen Bettbezug mit Motiven von Pumuckl über Alf bis zu den Mainzelmännchen, farbenprächtige Kinderhandtücher, alte Kinderzimmertapeten oder bunte Stoffreste mit witzigen Mustern, eventuell mit kleinen Fehlern, im Ausverkauf erstanden. Weiter kann man zu Ostern (rechtzeitig) Kressebeete auf dem Tisch wachsen lassen oder den Tisch mit Heu auslegen. Unter oder zwischen zwei Glasteller lassen sich gepreßte Blüten und Blätter legen, oder man praktiziert gar einen bunten Blütenteppich unter größere Glasscheiben.
So bin ich nunmehr bei den Sets, die es natürlich in allen Materialien, Farben, Mustern und Formen gibt. Sie lassen sich auch gut selbst anfertigen: Leinenreste kann man umhäkeln, im Zickzackstich umsäumen oder mit schönen Borten verzieren. Billige Kunststoffbrettchen kann man mit Korktapetenresten, alten Weinetiketten oder mit gepreßten Blumen und Blättern bekleben, die man dann mit Glanzlack versiegelt. Oder Blätter

und Blüten werden zwischen zwei Glasscheiben gelegt, die mit Klebebändern umrandet und befestigt werden. Aber auch Plakate, Zeitungen, Folien und die verschiedensten Geschenkpapiere von marmoriert bis zu Weihnachtsmotiven eignen sich trefflich als Tischdecken. Ist es nicht ausgefallen, auf einer »Prawda« russischen Kaviar zu servieren oder eine Pizza auf italienischen Zeitungen oder Plakaten?

Das Nonplusultra allerdings sind Bettücher und Überlaken, möglichst billig auf dem Flohmarkt ergattert oder aus der Aussteuerkiste. Man kann sie bedrucken, bekleben oder einfach nur als Ausgangspunkt für vielerlei Verzierungen nehmen, vor allem mit Bändern, die jetzt vermehrt in den Läden angeboten werden, bestickt mit Perlen und Kreuzstichen aus Leinen oder aus Satin. Man kann sie »pur« auf den Tisch legen, aber auch auf einem Leintuch machen sie sich trefflich.

Am besten, man legt sich einen kleinen Grundstock an, farblich passend zum Geschirr. Bei Weiß ist das natürlich die leichteste Übung, da kann man alle Farben verwenden. Hat man farbintensive Teller und Tassen, wird es schon schwieriger: Dann nimmt man den Grundton des Geschirrs und drapiert die Bänder malerisch. Zu unifarbigem Geschirr, zum Beispiel in Blau, kann man natürlich auch einen helleren oder dunkleren Blauton wählen, denn Ton in Ton kann traumhaft aussehen.

Und wenn man sich keine so große Auswahl an feinen Bändern zulegen kann, dann sehen Luftschlangen oder bunte Sterne, Herzchen oder Blüten, die man sich aus Katalogen ausschneidet, ebenso hübsch aus.

Im Freien ist es auch wunderschön, Blätter, Kastanien oder Nüsse direkt auf einen Holztisch zu legen, denn die natürliche Maserung des Holzes ist oft reizvoller als die feinste Tischwäsche.

GESCHIRR

Wer kennt die Geschirre, wer zählt die Namen? Ob feinstes Thüringisch-Sächsisches Porzellan von der Tafel August des Starken, ob eine der renommierten Porzellanmarken deutscher, englischer, italienischer, französischer Provenienz oder einfache bäuerliche Keramik in Ihrem Herzen und in Ihrem Schrank einen Platz gefunden haben, ist eine Frage des Geschmacks und des Geldbeutels.
Ist dieser proper gefüllt, kann man sich möglicherweise mehrere Porzellane leisten, die dem Anlaß entsprechend eingesetzt werden können. Andernfalls läßt sich die Tafel mit Phantasie manchmal viel interessanter und facettenreicher gestalten: Oft entstehen Ideen, die unendlich viel witziger sind, als wenn jemand Limoges und Wedgewood besitzt und eigentlich nichts daraus macht! Sicher wirkt schönes Porzellan aus sich heraus, dennoch: Wenn das Drumherum nicht stimmt, ist es mehr als schade. Zugegeben, manchmal ist eine schön gedeckte Tafel zeitaufwendig, aber lieber einmal edel gestaltet als häufiger weniger schön. Was man an Porzellan haben müßte, die Grundausstattung, ist im Anschluß abgebildet. Bei einem familiären Frühstück, Mittagessen oder Abendbrot ist kein Platzteller nötig, aber bei jedem offizielleren Anlaß ist er angebracht. Dieser Teller läßt die Tafel von Anbeginn edler erscheinen. Er kann aus Silber, Zinn, Keramik oder Glas sein. Mittlerweile gibt es große, schöne und preiswerte Glasteller in den einschlägigen Abteilungen der Kaufhäuser zu kaufen, die sich hervorragend eignen.
Damit die Teller und Tassen verschiedener Gänge nicht klappern, ist es gut, eine kleines rundes Deckchen auf den Platzteller zu legen. Dieses Deckchen kann aus gehäkelter Spitze sein, aber den gleichen Zweck erfüllt eine Stoff- oder Papierserviette oder auch ein Tortenspitzendeckchen.
Übrigens sollte man daran denken, den Platzteller vor dem Dessert abzuräumen. Wenn es ganz fein zugeht, muß man dann auch mit der Krümelbürste kommen und den Tisch vor dem Dessert abfegen. In Sternerestaurants bedeutet es einen Punkteabzug, wenn das versäumt wird.

Grundausstattung Geschirr

BESTECK

Natürlich ist es schön, stolzer Besitzer von altem Familiensilber zu sein. Aber es gibt mittlerweile auch preiswertes Besteck, farblich abgestimmt zum Porzellan, Bestecke mit Holz- oder Kunststoffgriffen, mit denen man den Tisch attraktiv gestalten kann. Aus der Übersichtstafel rechts ist ersichtlich, was man als Grundausstattung haben müßte.
Das Besteck wird von außen nach innen gelegt. Man ißt sich also von außen nach innen bis zum Dessert durch. Das Besteck dafür liegt allerdings immer am Kopf des Tellers.
Ganz originell sind die früher so beliebten Messerbänkchen, die derzeit wieder in Mode kommen. Sie sollen verhindern, daß die Tischdecke beschmutzt wird, wenn das Messer zwischendurch mal abgelegt wird. Verschiedenes kann man zu einem solchen Bänkchen deklarieren, wenn man keine besitzt: flache Steine, große Schrauben mit Kopf und Mutter oder auch einen Tannenzapfen.

Grundausstattung Besteck

GLÄSER

Es gibt eine traumhafte Auswahl an Gläsern in den Glasabteilungen der Warenhäuser. Schön sind alte Gläser aus den Antiquitätenläden oder von Flohmärkten. Wer die Wahl hat, hat die Qual. Ich plädiere nun ganz eindeutig nicht für eine komplette Glasserie, sondern für Gläser, die jedem Getränk die optimale Entfaltungsmöglichkeit gewähren. So kann ich mir durchaus eine Mixtur vorstellen aus alten Gläsern für den Wein, hochstrebenden Sektflöten und alten Brunnenwassergläsern, die noch Schlieren haben. Aber wie gesagt, das bleibt jedem selbst überlassen. Nur von einem möchte ich abraten, und zwar von Sektschalen. Sie sind hervorragend geeignet für einen Hummercocktail oder für eine rote Grütze, aber niemals dem herrlich perlenden Getränk namens Sekt oder Champagner angemessen, das darin schnell schal wird.

Ergänzungsteile Gläser

Grundausstattung Gläser

SERVIETTEN

Auch hier sollte man sich nicht nur an Althergebrachtes halten. Mit etwas Phantasie gibt es viel mehr Möglichkeiten, seinen Mund »zierlich abzutupfen« als nur mit Damast oder Leinen. Besitzt man jeweils zur Decke die passenden Servietten und zusätzlich 12 blütenweiße 50 x 50 cm große Mundtücher, die sich optimal kochen und stärken lassen, ist man natürlich fein raus. Aber es geht auch anders.

Zu einem Kindergeburtstag habe ich mal aus alten Leintüchern 12 kleine Schürzen genäht, sie mit den Namen des Kindes in Plakafarbe bemalt, und obwohl es Jahre her ist, erfreuen sich einige Kinder heute noch daran. Schürzen sind besonders zum Krebsessen beliebt, oder Sie nehmen karierte Geschirrhandtücher mit den Initialen in Stoffdruck: Wenn man mehr Zeit hat, sind sie gestickt noch hübscher. Auch Dekortaschentücher oder mit Initialen versehene, die der Gast mitnehmen darf, und lustige, preiswerte Kinderhandtücher aus dem Kaufhaus eignen sich gut als Servietten. Und dann natürlich die papiernen, die es mittlerweile in brillanten Qualitäten und wunderschönen Dekors gibt. Mit der entsprechenden Faltkunst kann man den Tisch damit schon bereichern, zumal hierbei die lästige Wascherei entfällt.

Eine festliche Tafel wird sicher von einer schön gefalteten »Lilie«, einer »Bischofsmütze« oder einer »Welle« gekrönt, obwohl ich zu einfacheren Faltungen neige, die mittels eines Serviettenringes festgehalten werden. Mein Argwohn richtet sich dagegen, daß andere mit ihren Händen etwas kompliziert falten, womit ich mir dann den Mund abwischen soll. Die Größe der Servietten richtet sich ganz nach dem Essen. Bei aufwendigeren Essen ist ein möglichst großes Mundtuch angebracht, bei Kaffee-, Tee- und Frühstückseinladungen tut es eine kleinere Ausgabe, eine der Alternativen oder die Papierserviette.

SERVIETTENRINGE

Von Kindesbeinen an sollte jedes Familienmitglied einen Serviettenring oder eine Serviettentasche mit Initialen besitzen, so daß schon das Kleinkind den Umgang damit lernt. Schön, wenn man einen fein ziselierten Ring aus massivem Silber besitzt –, aber das muß nicht sein: Serviettentaschen erfüllen den gleichen Zweck und sind eigentlich noch eine Spur hygienischer. Beides läßt sich spielend selbst herstellen; Taschen kann man aus Stoffresten nähen, am besten aus Leinen. In die Ecke werden die Initialen mit Stoffdruckfarben angebracht. Hübscher sieht das Monogramm mit Stielstich oder mit kleinen Kreuzstichen eingestickt aus.
Für die Herstellung von Serviettenringen gibt es unendlich viele Möglichkeiten. Hier kann man sein Basteltalent entfalten. Kaum ein Material, das nicht geeignet wäre, um daraus solche Ringe anzufertigen. Gäste dürfen selbstredend den für sie angefertigten Ring mitnehmen.
Nun einige Anregungen: Luftschlangen, auf einen Draht aufgezogene Perlen oder Papierkügelchen, Drahtbügel von Sektflaschen, schöne

Schleifen, an denen man je nach Gelegenheit etwas befestigt, zum Beispiel Miniaturen, Weihnachtskugeln oder anderen Christbaumschmuck. Auch Gardinenringe aus Holz oder Plastik kann man als Serviettenringe verwenden, ebenso Seidenrosen, deren Stil man zu einem Ring biegt und mit einer Schleife umwickelt, bunte Wäscheklammern oder solche aus Holz, Myrten-, Holzäpfelchen- oder Nelkenkränzchen, die auf Draht gewickelt wurden, Ketten aus Metall oder aus Kugeln, Alufolie, die in Sekundenschnelle um Draht gepreßt wird, Ringe aus Salzteig und Keramik. Oder man nimmt als Grundlage bereits vorhandene Rundungen wie an beiden Seiten geöffnete Tomatenmarkdosen, die sich sehr gut mit Porzellanfarbe bemalen lassen und dann im Ofen bei 120 Grad gebrannt werden. Die Innenrollen von Garnen und von Klebebändern sind auch gute Ausgangsprodukte für die Gestaltung von Serviettenringen: Mal beklebt man sie mit Herzen oder Figuren, mit Knöpfen, kleinen Lärchenzapfen, Bucheckern oder halben Sektkorken, mal werden sie mit Bändern umwickelt, mal einfach mit Paketkordel. Hat man nun absolut keine Zeit, dann gibt es Ringe in allen Varianten zu kaufen: aus Keramik und aus Porzellan, bäuerlich bemalte aus Holz oder erzgebirgisch geschnitzte.

Solche Serviettentaschen sind preiswert zu kaufen, man kann sie aber auch leicht selbst nähen. Die Servietten der Familie sind darin zwischen den Mahlzeiten hygienisch aufgehoben.

Aus bestickten Bordüren oder farbigem Schleifenband lassen sich in Windeseile die schönsten Serviettenringe zaubern und in die Tischdekoration einbeziehen: Das ist eine einfache und preiswerte Möglichkeit.

In vielen Familien sind solche silbernen Serviettenringe vorhanden und führen ein stiefmütterliches Dasein. Dabei bereichern Sie jeden Tisch und müssen gar nicht alle gleich aussehen.

Dem Einfallsreichtum sind keine Grenzen gesetzt: Holzgardinenringe zum Beispiel lassen sich leicht zu Serviettenringen umfunktionieren. Und warum nicht einfach Sicherheitsnadeln aneinanderhängen?

Hier wurde ganz einfach der Stiel einer angedrahteten Seidenrose zum Serviettenring gebogen, so daß die Rose einen äußerst dekorativen Blickfang bildet.

Aus Papprollen lassen sich im Handumdrehen ganz individuelle, zum übrigen Tischschmuck passende Serviettenringe herstellen. Sie werden einfach mit Schleifenband umwickelt und verziert.

Wer gar keine Zeit hat: Bemalte Serviettenringe aus Holz gibt es preiswert zu kaufen. Aber auch ein kleines Trockenblumensträußchen erfüllt schon seinen Zweck.

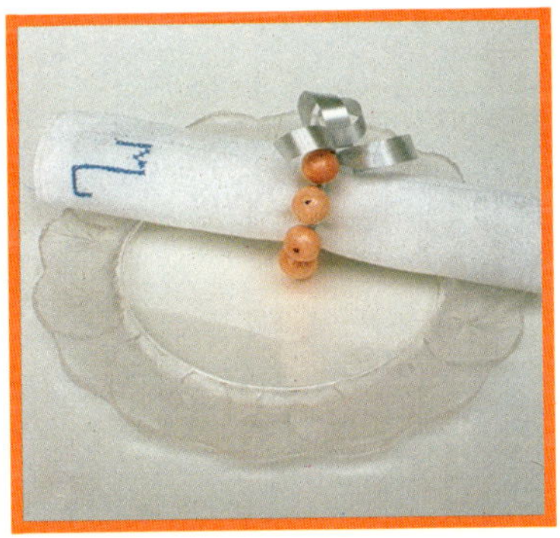

Wie hier die Holzäpfelchen lassen sich auch Perlen aller Art ganz leicht zu Serviettenringen verarbeiten, die man noch mit einem farblich harmonierenden Geschenkbändchen dekorieren kann.

SERVIETTEN FALTEN

Diese Kunst läßt sich kinderleicht erlernen. Mehrere gebräuchliche Formen sollen hier genauer erläutert werden. Am einfachsten ist es, Servietten gefächert in ein Glas oder in eine Tasse zu stecken. Wer wenig Zeit hat, kann es dabei belassen, andernfalls ist es schön, wenn Sie sich einmal an folgenden Formen versuchen. Dabei ist es gut, wenn die Servietten leicht gestärkt sind und möglichst quadratisch 50 x 50 cm groß. Üben Sie mit einem Stück Papier die Form, die Sie falten wollen, einige Male in aller Ruhe durch, nicht erst kurz bevor die Gäste kommen: Dann klappt es bestimmt.

Wellen

1 Die einmal gefaltete Serviette von einer Seite zur Mitte hin einrollen: Das ist die einfache Welle, die sich gut dekorieren läßt, zum Beispiel mit einem kleinen Geschenk für jeden Gast.

2 Die zweifache Welle entsteht, wenn die Serviette auch von der anderen Seite her zur Mitte aufgerollt wird: diesmal aber nach unten.

Doppelter Tafelspitz

Für den doppelten Tafelspitz sind Papierservietten sehr gut geeignet. Die einmal gefaltete Serviette wird mit der Faltkante nach oben auf den Tisch gelegt.

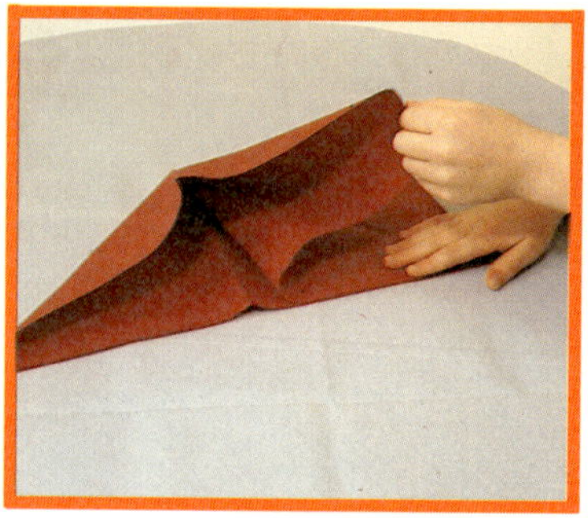

1 Die obere Lage links unten an der Ecke fassen und nach rechts unten legen, so daß ein Dreieck entsteht.

2 Die rechte Hälfte dieses Dreiecks nach links klappen, so daß Sie diese Figur vor sich liegen haben.

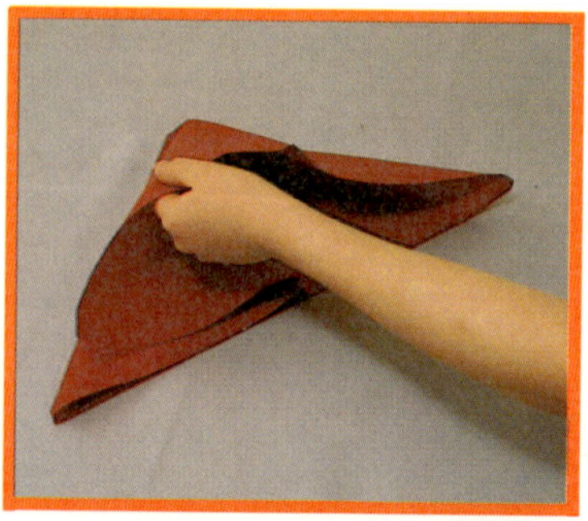

3 Jetzt wird Schritt 2 gegengleich wiederholt: die obere Lage rechts an der Ecke fassen und nach links unten legen.

4 Wie in Schritt 3 die rechte Hälfte nach links klappen. Nun den Tafelspitz an der oberen Spitze fassen und aufstellen.

Mütze

1 Die einmal links auf links gefaltete Serviette mit der Faltkante nach unten auf den Tisch legen.

2 Die Serviette ein zweites Mal falten, so daß ein Quadrat entsteht und die Faltkante links liegt.

3 Das Quadrat drehen, so daß die vier Ecken nach oben zeigen. Die untere Spitze wie abgebildet nach oben klappen.

4 Die linke und rechte Ecke hinten so zusammenstecken, daß die hochgeklappte Spitze sichtbar bleibt.

Herz

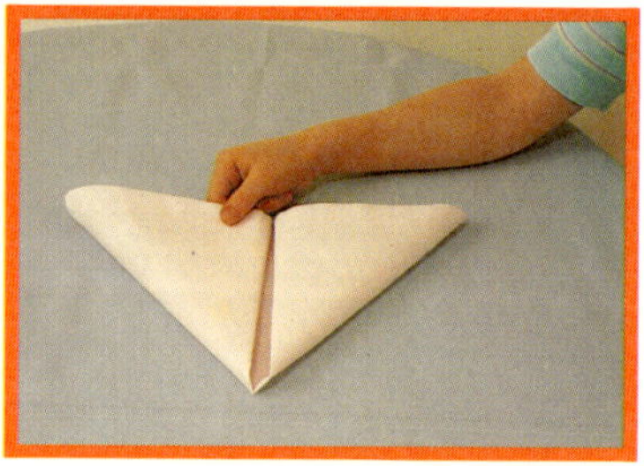

1 Die Ecken der einmal links auf links gefalteten Serviette zur Mitte hin klappen.

2 Beide Seiten zu einer Art Tüte drehen, so daß die Herzform entsteht.

Strauß

1 Drei verschiedenfarbige Papierservietten versetzt übereinanderlegen.

2 Die Servietten in der Mitte fassen und den so entstandenen Strauß in ein Glas stellen.

Bischofsmütze

1 Die einmal gefaltete Serviette mit der Faltkante nach unten auf den Tisch legen und die linke obere Ecke zur Mitte hin falten.

2 Die rechte untere Ecke ebenfalls zur Mitte hin falten, so daß als Ergebnis diese Raute entsteht.

3 Die Serviette wenden, so daß alle Faltkanten unten liegen.

4 Die untere Hälfte der Raute nach oben klappen und die verdeckte Spitze des linken Dreiecks nach unten herausziehen.

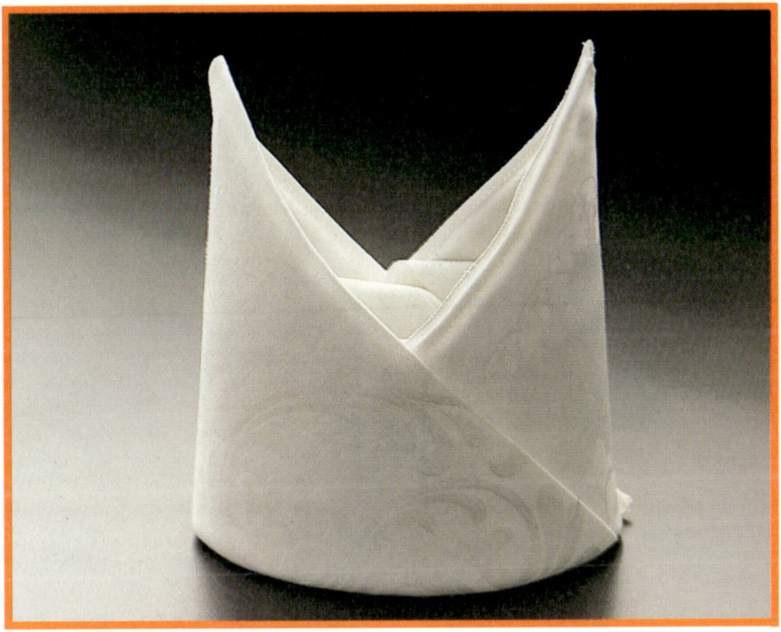

5 Die untere Lage des rechten Dreiecks nach oben umschlagen.

6 Die Ecken hinten zusammenstecken und die Bischofsmütze aufstellen.

Palmwedel

Eine Variante des Palmwedels ist die sogenannte Schwinge rechts unten. Sie wird genauso hergestellt wie der Palmwedel, dann einfach nur auf die Seite gelegt.

1 Es ergibt einen hübschen Effekt, wenn man zwei verschiedengroße und -farbige Papierservietten übereinanderlegt.

2 Die Serviette zu einem Dreieck falten und an der Faltkante dann etwa 2 cm nach oben klappen.

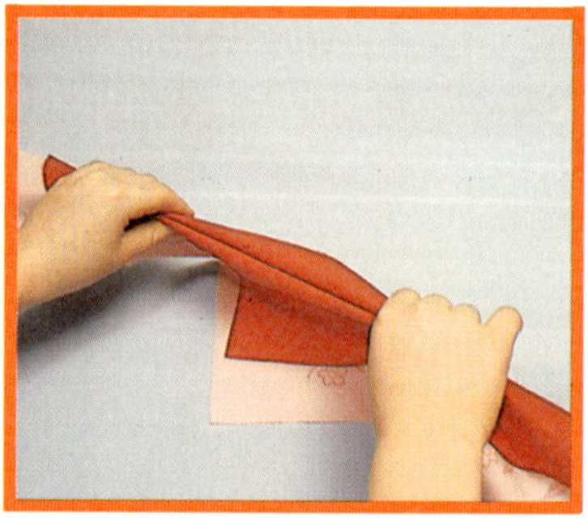

3 Die Serviette wenden, so daß die Spitze nach unten zeigt und wieder 2 cm umklappen, dies mehrmals wiederholen.

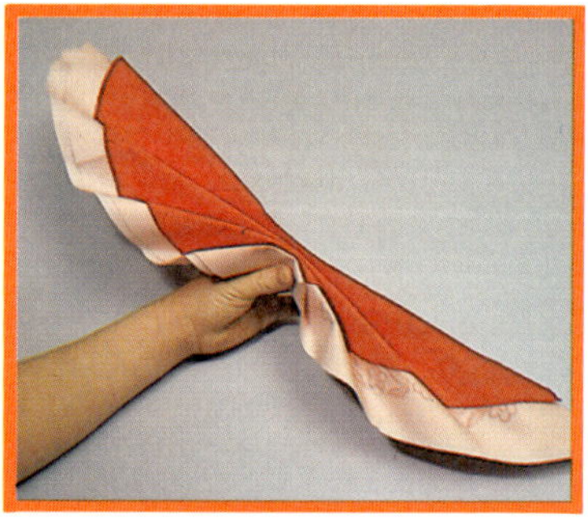

4 Damit fortfahren, bis das Dreieck verschwunden ist. Die Mitte festhalten und beide Enden nach oben ziehen.

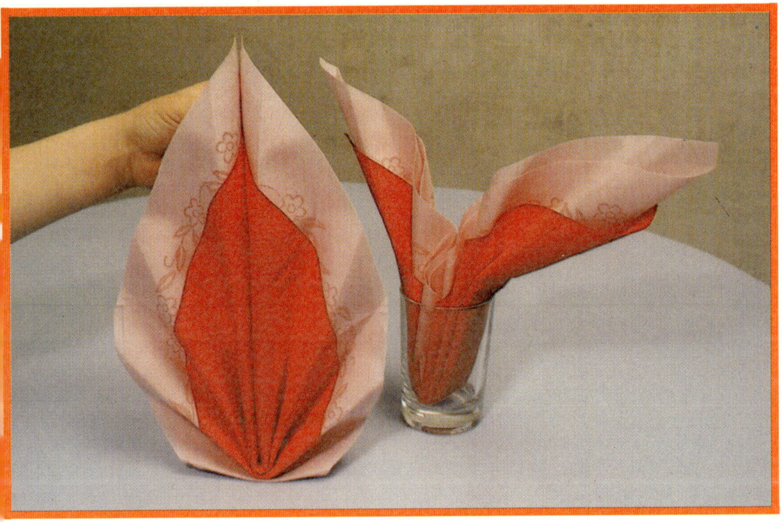

Lilie

Besonders hübsch sieht es aus, wenn die Serviette in einer Ecke ein Monogramm oder eine andere Verzierung aufweist.

1 Die Serviette nach oben zu einem Dreieck falten.

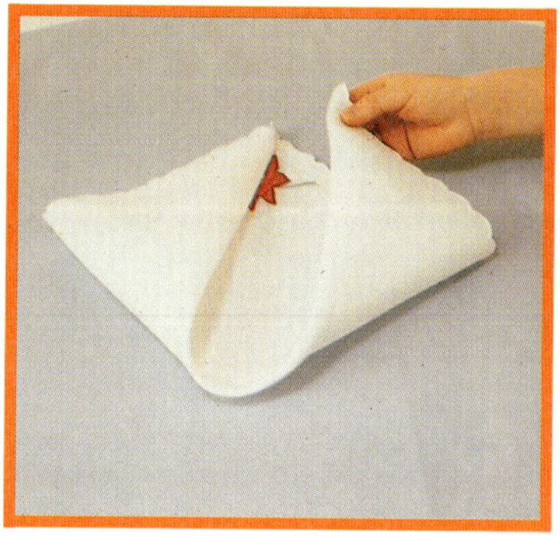

2 Die Ecken zur Mitte falten, so daß ein Quadrat entsteht.

3 Die untere Spitze des Quadrats etwas nach oben falten.

4 Die Spitze dann auf die Grundlinie zurückklappen.

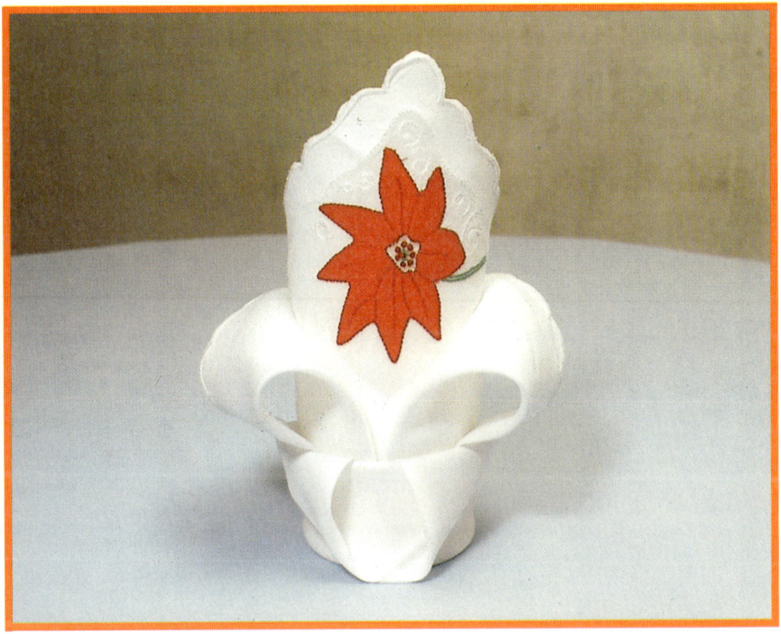

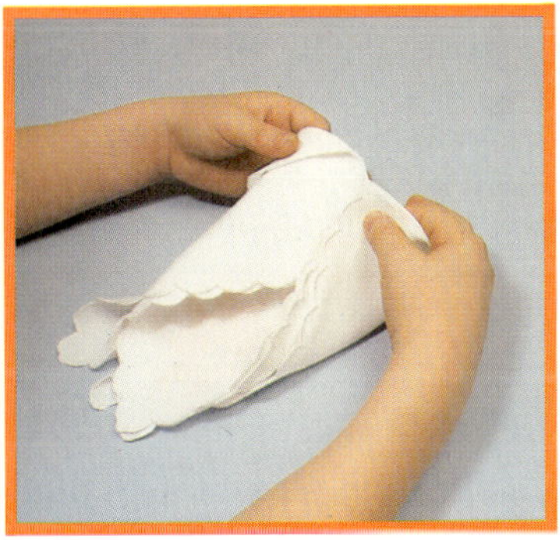

5 Die rechte und linke Ecke ineinanderstecken.

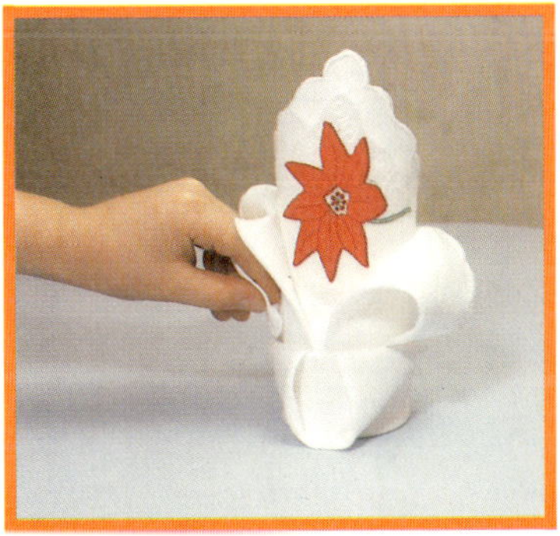

6 Die beiden Zipfel nach unten ziehen und einstecken.

Smoking »Orangerie«

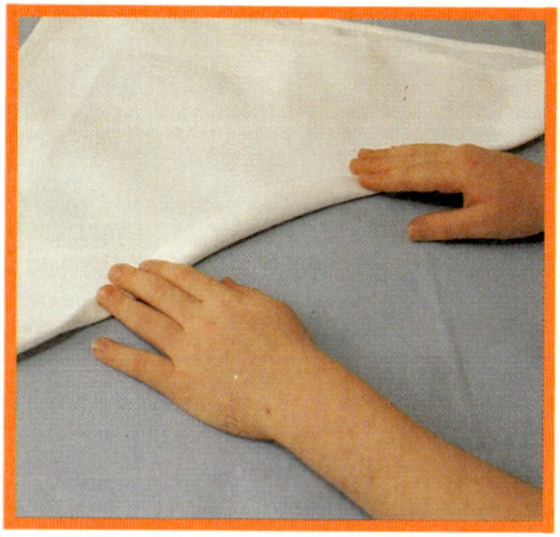

1 Die Serviette zu einem Dreieck falten und die Faltkante im mittleren Bereich etwa 2 cm umlegen.

2 Die Serviette wenden und die linke und rechte Ecke zur Mitte falten, so daß der Kragen entsteht.

3 Die untere Spitze nach hinten klappen zur Form einer zusammengelegten Jacke.

4 Die Seiten ebenfalls etwas nach hinten einschlagen und eine Schleife anbringen.

Artischocke

In der Artischocke kann man allerlei verstecken: kleine Geschenke, einen Apfel oder zu Ostern ein buntes Ei.

1 Die Serviette mit der linken Seite nach oben legen und die vier Ecken zur Mitte falten.

2 Die neuerlich entstandenen vier Ecken wieder zur Mitte falten.

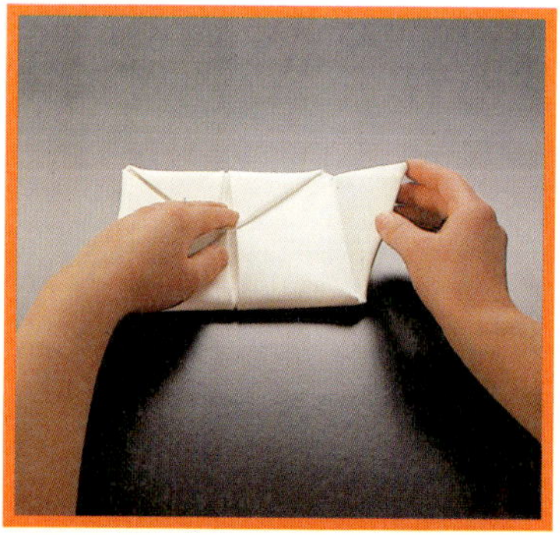

3 Die Serviette wenden und die Ecken nochmals zur Mitte falten.

4 Die vier inneren Ecken gut festhalten und die Zipfel unter den Ecken hochziehen.

5 Variante: die vier übrigen Zipfel ebenfalls nach außen ziehen und aufrichten.

6 So sieht die Artischocke aus, wenn alle acht Zipfel aufgerichtet sind.

Dschunke

1 Die Serviette wird mit der linken Seite nach oben hingelegt und in der Mitte nach oben gefaltet.

2 Von links nach rechts in der Mitte falten, so daß wieder ein Quadrat entsteht. Die vier Ecken befinden sich oben rechts.

3 Die Ecke links unten diagonal nach hinten falten, so daß ein Dreieck entsteht und die vier Ecken der Serviette oben liegen.

4 Die Seiten so nach innen zur Mitte hin falten, daß die linke und rechte Ecke zusammentreffen.

5 Die unteren Enden nach hinten falten. Die Serviette nach hinten zusammenlegen, so daß die Mitte nach oben zeigt.

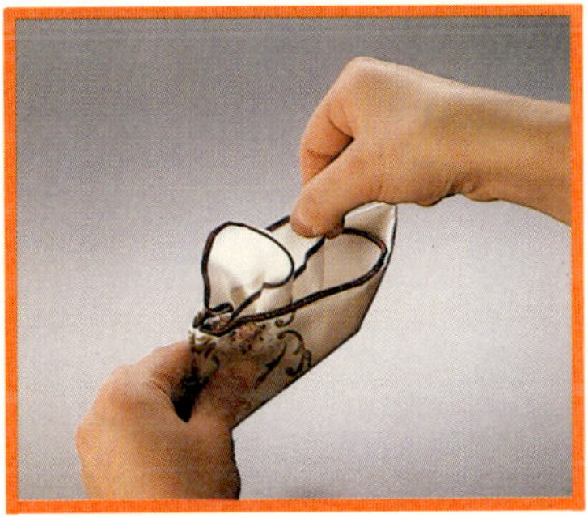

6 Gut zusammendrücken und die »Segel« aus der Mitte vorsichtig herauszupfen und aufrichten.

Ahornblatt

Das Ahornblatt hält am besten, wenn man es in ein Glas stellt oder wie hier in ein trockenes Gebäckstück steckt.

1 Eine Papierserviette rechts auf rechts falten und die rechte und linke Ecke der oberen Lage auf die Mittellinie zurückfalten.

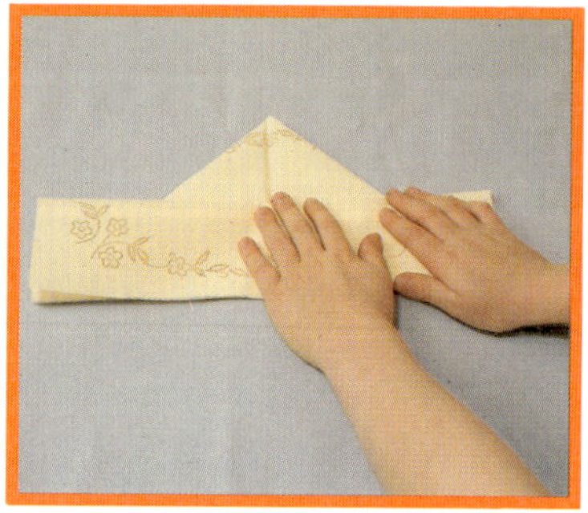

2 Die Serviette wenden und die obere Lage an der Mittellinie herunterklappen, so daß diese Hutform entsteht.

3 Die rechte und linke Ecke nach oben klappen.

4 Beide Hälften fächerartig zusammenfalten, auf der Mitte nach hinten klappen und vorsichtig auseinanderziehen.

TISCHSCHMUCK

GESTECKE ALLER ART

Bereits an der Überschrift kann man erkennen, daß es sich nicht unbedingt um ein frisches oder ein getrocknetes Blumengesteck handeln muß: Auch hier kann man ganz andere Wege gehen. Füllen Sie vielleicht eine Schale mit aufgefächerten Papierservietten und Sektkorken, stecken Sie einen Kohlkopf auf einen Rebstock, gestalten Sie ein Arrangement aus verschiedenen Gemüsesorten oder einen Strauß mit Knoblauch. Nehmen Sie statt Schleifen alte Negativfilme, wenn es sich zufällig um Filmfritzen handelt, die zu Gast sind, oder verarbeiten Sie Kochmützen und Kochlöffel zu einem Gesteck. Binden Sie einen Strauß aus Kräutern (Bouquet garni) oder aus silberfarben gespritzten Artischocken, Heu- und Strohzöpfe, fertigen Sie Kränzchen aus Mohn, Bucheckern, Zimt und Nelken, Rosen und Tannen: Vielfältig sind auch hier die Möglichkeiten. Dem Anlaß, den Gästen, Berufen und Ambitionen sollte man die blumige Seite des Tisches anpassen. Lädt man eine hochkarätige Köcheelite ein, agiert man natürlich mit den vegetarischen Rohprodukten der Küche, hat man beim Richtfest seine Handwerker zu Gast, ist ein kleiner Richtfeststrauß angebracht. Lädt man ein paar Freunde zum Tee, ist es lustig, den Strauß in eine Teepackung zu verfrachten: Zuerst muß natürlich Gips in die Packung gegeben werden, damit die Trockenblumen angedrahtet hineingesteckt werden können. Sind die Strick- und Häkelfreundinnen angesagt, ist ein Strauß aus Wollknäueln, Häkel- und Stricknadeln schick.
Einige Grundregeln sollte man beachten: Frische Blüten dürfen nicht zu intensiv duften, so daß sie das Essen nicht stören. Die Arrangements sollten die Augenhöhe des Gegenübers nicht erreichen, da sonst kein Au-

REIS
SAGO
GRÜNKERN

genkontakt und damit auch kaum ein Gespräch möglich wäre. Am besten sind kleine, flache Arrangements in der Mitte oder vor jedem Gedeck. Hat man an den Seiten Platz oder auf einem Buffet, dann ist ein großer schöner Strauß oder ein Gesteck optimal, aber immer so, daß er nicht stört. Teure Vasen und Schalen sind nicht nötig. Seien Sie Ihr eigener Designer, und umkleiden Sie Gurkengläser und Blechdosen kühn mit farbenprächtigem Kreppapier oder Stanniol. So können Sie mit Farben zaubern, die der Gestaltung des Tisches genau angepaßt sind. Auch zerbrochene alte Tassen oder Gugelhupfformen, die aber zum Wegwerfen zu schade sind, klebt man sorgfältig wieder zusammen und arrangiert ein Trockenblumensträußchen darin. Auch Körbe eignen sich in jeder Form: Füllen Sie sie mit Pilzen, Wiesenblumen, Äpfeln, Zwiebeln, Kartoffeln, Blättern oder Tannenzapfen, je nach Jahreszeit und Anlaß.

Spielt sich das Fest im Freien ab, ergibt sich die Dekoration schon aus dem Ambiente, den Blumen und Sträuchern des Gartens.
In Blumenläden werden entzückende kleine Azaleen, Usambaraveilchen oder auch Alpenveilchen angeboten. Vor jedem Gedeck ein solches Töpfchen macht sich nicht nur hübsch, es ist auch eine nette Geste, wenn man es dem Gast mit einem kleinen Gruß schenken kann: Für Mary-Anne..., Gruß und Kuß! Hat man sehr oft Gäste, lohnt es sich, entsprechend der bevorzugten Tischdecken und Sets farblich harmonierende Trockengestecke zu gestalten: So kommt man auch nicht in Verlegenheit, wenn ein plötzlicher »Überfall« droht. Ist wenig Platz auf dem Tisch vorhanden, kann man eine hübsche schmale Girlande winden oder auch Blümchen oder Blätter auf den Tisch streuen. Eine andere Möglichkeit ist es, einen geschmückten Kranz von der Decke hängen zu lassen.

Harmonie in Rosa und Hellblau: in Silikagel (aus der Apotheke) getrocknete Blumen in einem Spankorb arrangiert.

Es muß keine wertvolle Keramik sein: Auch in einem bemalten Margarinetopf läßt sich ein schönes Gesteck arrangieren.

Alle Sorten Tannenzapfen sind hier mit blauen Blüten zu einem Kranz verarbeitet: Ein Schmuckstück für jede Tafel, das zu allen Anlässen paßt.

Rosen und Christrosen mit Tannengrün: Das ist mal etwas anderes für den festlichen Weihnachtstisch.

Noch etwas Besonderes zur Weihnachtszeit: eine frische Blüte in einer dekorativen Weihnachtsbockbierflasche.

Der Adventskranz aus Tannenzapfen und Bucheckern mit honiggelben Kerzen ist auch auf dem Beistelltischchen ein Teil der Adventstafel.

KERZEN

Ohne sie geht es nicht: Warmes Kerzenlicht verbreitet eine anheimelnde Atmosphäre. Entweder man wählt die Farben der Kerzen passend zum Grundton der Decke und zum Band oder zur Serviette. Auf eines sollte man achten: Die Flammenhöhe sollte so sein, daß sie unter der Augenhöhe bleibt, sonst behindert sie den freien Blick zum Gegenüber und stört bei der Unterhaltung. Am besten, man macht eine Sitzprobe. Kerzen lassen sich sehr gut selbst herstellen, indem man Kerzenreste aufhebt, sie einschmilzt und mit einem Docht (in jedem Bastlerbedarfsladen erhältlich) versieht. Besonderen Honigduft verbreiten natürlich Bienenwachskerzen, am günstigsten auch selbst gemacht. Es gibt Honigwabenplatten, in die man einen Docht fest wickelt. Nicht nur feine silberne Leuchter sind attraktiv, auch mal eine ganze Reihe billiger Glasleuchter können die Zugnummer des Tisches sein.

ACCESSOIRES

Hierbei handelt es sich um die vielen kleinen unnützen Dinge, die den vollendet gedeckten Tisch erst liebenswert machen: viele Enten, Putten und Gartenzwerge, die oft keine Funktion haben, aber der Tafel ihr eigenes Kolorit geben.
Heute sind es Enten, morgen vielleicht Nashörner oder Elefanten: Der eine liebt dieses Tier, der andere jenes – viele besitzen eine kleine Sammlung. Es bietet sich also an, seinen gedeckten Tisch um einen kleinen Zoo zu bereichern. Hier wurde alles zusammengetragen, was es »Quakiges« gibt: von der Menükarte bis zum Tischkärtchen, ergänzt durch Eier aus Marmor. So kann man die verschiedensten Anlässe, ordentliche und außerordentliche Feste und alltägliche kleine Essen fröhlich gestalten, auch wenn es nur Quark mit Pellkartoffeln gibt oder »Krumbeere mit Quetschekuche«.

ALLTAGSTISCHE

Frühstück

Ein kleines Volkslied erzählt davon, daß nicht alle Tage Sonntag ist: Das ist schon richtig, aber mit ein wenig Geschick kann man aus jedem Tag etwas machen. Daher sind die täglichen Mahlzeiten mit der Familie wichtiger als alle festtäglichen Tafelfreuden.
Versuchen Sie, sich Zeit zu lassen, besonders in der Frühe. Der liebevoll gedeckte morgendliche Tisch läßt einen gern früher aufstehen und etwas länger verweilen, so daß man den Tag mit Ruhe angehen kann. Die meisten Menschen sind berufstätig, und die Kinder müssen zur Schule: So kann der Morgen leicht zur Hetze werden, da jeder aus dem Haus muß. Und wie begonnen, so endet es auch meist. Decken Sie deshalb den Tisch schon am Abend, so müssen Sie morgens nur noch Tee, Kaffee oder Kakao kochen.
Mit wenigen Accessoires kann es sogar festlich werden. So kann jeder Tag ein Feiertag sein, auch wenn es nur ein normaler Donnerstag ist. Frühstücken Sie wirklich fürstlich mit Müsli und Säften, und der Tag beginnt heiter. Mit einem gesättigten Magen können eine Menge kleiner Ärgernisse leichter zu ertragen sein.

Mittagessen

Die kleinen Mittagessen haben es natürlich schwer zu bestehen. Oft kommen die einzelnen Familienmitglieder zu unterschiedlichen Zeiten nach Hause. Aber selbst wenn dem so ist und selbst wenn es nur Linsensuppe gibt (abgesehen davon, daß hier natürlich die schmackhafte Seite des »Tisches« und das nicht minder wichtige hübsche Anrichten der Speisen dominiert), sollte man sich doch bemühen, den Tisch dekorativ zu gestalten: auch wenn die Familienmitglieder ihn nur nacheinander genießen können. Wenn man selbst die Linsensuppe in einer schönen Terrine kredenzt und jeden Teller mit einem Petersilienzweig versieht, macht es mehr Freude, diese Suppe zu löffeln, denn schließlich ißt das Auge mit. Im übrigen ist es heutzutage dank der Mikrowellentechnik doch sehr viel einfacher, auch mit dem zeitlichen Unterschied von einigen Stunden, ein Gericht optimal zu wärmen. Aber selbst wenn man keinen Mikrowellenherd hat: Ich weiß von meiner Schwiegermutter, daß eine Wolldecke, um den heißen Topf gewickelt und dann unters Federbett gestellt, den gleichen Effekt hat. Übrigens ist es nett und entlastet den üblicherweise dem Haushalt Vorstehenden, das Tischdecken abwechselnd einem anderen Familienmitglied zu übertragen. Selbst kleinen Kindern macht es Freude, erstmalig kreativ zu sein (ordentlich loben nicht vergessen). So lernen sie spielend ein wenig Tischkultur, und man selbst bekommt neue Impulse: Nichts erstarrt im Alltäglichen.

Kleines Abendessen

Der geruhsame Abend ist gekommen oder sollte nach getaner Arbeit gekommen sein. Jeder aus der Familie hilft mit, den Tisch zu decken. Man hat Freude am gemeinsamen Mahl, spricht die Dinge des Tages durch, vielleicht bei einer Flasche Wein. Dabei fernzusehen ist natürlich total verpönt. Erstens stört es den Genuß des Essens, und zweitens unterbindet es jegliches kultivierte Gespräch.
Kaum etwas Schöneres, als den Tag bei einem gemütlichen Essen ausklingen zu lassen. Unter der Woche muß es ja nichts Aufwendiges sein, so daß die Hausfrau oder der Hausmann nicht stundenlang in der Küche stehen muß. Ein kleiner gemütlicher Käseabend mit frischem Brot, ein paar herrlichen Käsesorten, roten und weißen Weintrauben, einer Flasche Rotwein und für die Kinder ein leckerer Kakao, und dann ab ins Bett – natürlich nur die Kleinen.

NEGRI

ESSEN MIT FREUNDEN

Erdbeerzeit

Erdbeeren haben jetzt Hochsaison. Eine alte Decke im Jugendstil ist der zartgrüne Ausgangspunkt zum letzten Gang – eine rote Grütze. Sie wird in sogenannten Sektschalen serviert,

die mit ihrem dunkleren Grün sehr gut zum Untergrund passen. Hier finden diese Schalen übrigens ihren eigentlichen Verwendungszweck. Zauberhafte Erdbeerblätter und Salbeiblättchen werden verteilt; mal liegen sie malerisch auf der Decke, mal gepreßt unter den Glastellern oder unter den Keramikpilzen. Am besten ist es, die Blätter bereits einige Tage vorher zwischen alte Zeitungen zu legen und mit dicken Wälzern zu pressen, so behalten sie ihre Form und krumpeln sich nicht im Laufe des Abends zu einem unansehnlichen Etwas zusammen. Auf die Blätter legt man frische Erdbeeren. Die gedrehten weinroten Kerzen harmonieren mit dem Dessert, ebenso die roten Herzchen. Selbst die kleine, dicke Putte hält einen Strauß frischer Walderdbeeren im Arm. Eigens fabrizierte Spargel-Messerbänkchen zeugen vom Gang vorher. Champagne-Flaschen wurden mit Madonnenlilien gefüllt. Eine farblich passende Melone hat auch noch Platz auf dem Tisch gefunden.

Sommertag

Ein fröhliches Essen mit der Familie und Freunden im Freien ist angesagt. Sets, auf die Erdbeeren appliziert wurden, mit passenden Serviettentaschen für jeden Teilnehmer der Tafelrunde geben dem Sommertag die heitere Note; sie werden auf ein grobes Leintuch gelegt. Serviettentaschen haben auch den Vorteil, daß man an solch einem Familientag nicht zu jeder Mahlzeit eine neue Serviette auflegen muß.
Gartenzwerge, die getrocknete Erdbeerblätter mit den Namen der Freunde und Familienmitglieder in der Hand halten oder sogenannte Stonies, die sie auf dem Bauch tragen, ergänzen das fröhliche Bild. Die Stonies lassen sich leicht fabrizieren. Auf Spaziergängen werden schöne glatte Steine gesammelt. Mit der Heißklebepistole oder mit einem Zweikomponentenkleber verbindet man die Steine miteinander. Der Kopf ist natürlich kleiner als der Bauch; anschließend malt man ihnen lustige Gesichter und Kleider. Übrigens ist das auch eine hübsche Beschäftigung an einem Kindergeburtstag. Man läßt die lieben Kleinen Steine sammeln, anschließend werden zusammen solche Stonies gebastelt. Gartenzwerge gibt es auch recht preiswert als Rohlinge, also solche, die man selbst anpinseln kann: eine ebenso nette Beschäftigung für kleinere Kinder.
Derbere, standfeste Gläser sind im Freien angebracht, dazu ein spülmaschinengeeignetes »Entengeschirr«.

Herbstlich

Gelb mit feinen weißen Ajourverzierungen ist die handgearbeitete Decke von den kanarischen Inseln. Damit nicht zuviel von der Stickerei verdeckt wird, schmückt nur die Mitte ein Zopf aus Heu. Die Heugirlande umschlingt man mit einem Band und umlegt sie mit Kastanien, Nüssen, Pilzen, Bucheckern und Blättern. Glasteller lassen die filigrane Handarbeit durchschimmern.
Hutzelmänner mit Aprikosenbäuchen, Eierkartonhütchen auf dem Kopf, Sektflaschen-Stanniolen als Mäntelchen und mit einem Schaschlikspieß als

Stock in der Hand kann man als Tischkarten verwenden. Oder man malt die Namen mit einem Pinsel auf die getrockneten Blätter und legt sie unter die Glasteller. Als »Blumen« wurden Lauchstangen mit Tomaten und Peperoni in einer kleinen Terrine »angerichtet«. Körbchen mit getrockneten Röschen, Gräsern und Blättern runden die herbstliche Impression ab.

Jagdfrühstück

Eine Leinendecke wird mit roten Samtbändern umrandet, die leicht mit Stecknadeln befestigt sind. Geschirr mit Jagdmotiven, Hirschbestecke und Keramikpilze, die mit einem Permanentstift den Namen des Gastes erhalten, bilden die jagdgerechte Grundlage. Dazu kommen einfach nachzumachende Serviettenringe aus Bucheckern: Leere Garnrollen werden rot angemalt und rundherum mit Bucheckern beklebt. Ein heruntergefallenes Vogelnest (gut mit einem umweltfreundlichen Klarlack einsprühen), in das ein paar Eier gelegt werden, dazu ein Sträußchen mit Schlehen und Hagebutten sowie das Oberteil einer alten Kuckucksuhr sind weitere Attribute der Jagd.

Köche und Köchinnen unter sich

Echtes grobes Leinen und ein Mitteldeckchen mit dem Spruch »Frohe Gäste, frohe Feste« vom Flohmarkt, Bänder, Schleifen, Holzäpfelchen in Rot, dazu ein schwedisches dralles Holzmädchen mit gleichfarbenen Kerzen, so stellt sich zunächst das Tischlein-deck-dich dar. Rotes englisches Porzellan (günstig in jedem Kaufhaus erhältlich, warum nicht auch mit kleinen Fehlern?), Bestecke aus der Jugendstilzeit, Fingerschalen mit Malvenblüten, ein Strauß aus Karotten, Dill, Tomaten und Zwiebeln in einer leeren Tomatendose und kleine Hagebuttenzweiglein auf dem Tisch verteilt, das ist die blumige Seite des Tisches.

Das »Tischkärtchen« ist ein hölzerner Spatel, auf den der Name mit Wasserfarbe geschrieben wurde. Die gefächerte Stoffserviette wird von dem Metallbügel festgehalten, der sonst den Korken auf der Sektflasche hält. Kleine Kochmützen, die man selbst nähen oder in Spielwarengeschäften kaufen kann, werden auf Kochlöffel gesteckt. Gekocht wird nach Angaben einer alten Menükarte, und damit es auch klappt, gibt es gleich zu Beginn eine Runde Grappa. In der Küche ist währenddessen alles vorbereitet, damit die Kochkünstler frohen Mutes zur Tat schreiten können. Ans Werk – Cassoulet steht auf der Karte.

Perestroika

Gorbatschow läßt grüßen mit einer »Prawda« vom Bahnhofskiosk als Tischdecke. Blau, silber und gelb ist der Tenor der Farbgebung, passend zu den Dosen der herrlichen, teuren, schwarzen russischen Perlchen. Es kann natürlich auch der viel preiswertere rote Lachskaviar sein. Perlig das Band, das die Serviette hält, perlig das Glasgeschirr und die hingestreuten Glasketten. Ein blaues Satinband ziert den Tisch; Wodka- und Champagnergläser müssen sein. Als Tischkartenhalter dient eine Zitrone in einem Perlenring (wegen der Standfestigkeit), in die ein kleiner Papierfächer mit dem Namen gesteckt ist. Passende Dekoration: Kaviardosen vergangener Freuden. Nastarowje!

CAVIAR
MALOSSOL

Schneckenessen

Nehmen Sie Platz am blank gescheuerten Küchentisch bei einer kleinen »Sch(l)neckerei«. Pfännchen aus dem Kannebäcker Land auf Zinntellern, Schneckengäbelchen, -zangen und -häuschen, Zwiebeln und ein Knoblauchzopf, eine Kerze auf einen Scherben geklebt und mit Minischneckenhäusern belegt; vor jedem Gedeck ein Blumentöpfchen, bewachsen mit Basilikum, Thymian, Borretsch oder Petersilie, darin Holzstöckchen mit den Namen der Gäste: Voilà, so bistro-like könnte es

zugehen. Ein Sträußlein wurde in einem leeren Olivентöpfchen arrangiert, natürlich aus Knoblauch und frischen Kräutern, alle Sorten, die auch in der Kräuterbutter für die Schnecken enthalten sind. Im Stil französischer Bistros wurde die Menüfolge auf der Schiefertafel angekreidet. Die Mundtücher sind billige Geschirrhandtücher aus dem Kaufhaus, die mit Kartoffeldruck die Initialen der Freunde aufgedruckt bekamen. Dazu ein exzellenter trockener Spanier; was, bitte schön, will man mehr? Das Küchenbuffet ziert ein schöner Rotkrautkopf, der auf eine knorrig gewachsene Astgabel gesetzt und mit allerlei Küchenzutaten garniert wurde (siehe Seite 61).

FAMILIENFESTE

Geburtstag

Jeder Geburtstag hat andere Voraussetzungen: männliches oder weibliches Geburtstagskind, eine runde Zahl oder nur ein normales weiteres Jahr. Entsprechend der Vorlieben der Hauptperson oder des Lebensalters kann man den Tisch individuell gestalten. Je vertrauter man mit den Wünschen des Jubilars ist, je besser läßt sich das Fest ausrichten und bei der Dekoration darauf eingehen. Ein 77. Geburtstag steht zum Beispiel an: Viele kleine Petits fours mit je einer 77 zieren den Tisch. Anstelle von Tischkarten werden Fotos der vergangenen Jahre in einen Rahmen gesteckt; so findet jeder leicht seinen Platz, sobald er sich selbst »umrahmt« sieht. Den Blumenschmuck bilden getrocknete Blüten in leeren Kondensmilchdosen, die mit Tortendeckchen beklebt wurden. Selbstverständlich darf jeder Gast Sträußchen und Foto mitnehmen. Passend zum Kaffeeservice werden eine blaue und eine weiße Serviette fächerartig gefaltet in die Tasse gesteckt. Zu jedem Geburtstag sind zwei Dinge wundervoll: Ein üppiger Strauß am Morgen und ein herrliches Essen am Abend.

Hochzeit

Es ist wieder ganz »in«, im Trachtenlook zu heiraten. Aber selbst wenn dem nicht so ist, warum nicht mal den Tisch auf eine bäuerlich-bunte Art dekorieren, statt nur in Grün und Weiß, denn schließlich ist das Hochzeitsfest eine fröhliche Angelegenheit? Der Platz der Brautleute wird besonders üppig geschmückt. Über die alte Leinentischdecke wird eine Bordüre mit Herzchen gelegt. Auf dem Flohmarkt erstandene cremefarbige Servietten werden zu »Lilien« gefaltet und mit Myrtenzweigen dekoriert. Zinnfigürchen einer Bauernhochzeit und Keramikherzen werden aufgestellt, die auch aus Salzteig sein können. Dazu wird ein Lebkuchenmodel entweder mit Ton

oder mit Salzteig ausgekleidet, das so geformte Material wird vorsichtig wieder herausgenommen, gebrannt oder gebacken und anschließend bemalt. Bei Keramik erfolgt nochmals ein Glasurbrand, Salzteig überzieht man mit Klarlack.
Die aus Pergament gerollten Menükarten werden von kleinen Gewürzsträußlein gehalten, die mit Samtschleifen umwunden sind und die sich jeder Gast anstecken kann. Gedeckt wird mit gläsernen Platztellern, darauf bäuerliches elsässisches Geschirr. Aus historischen Menükarten werden verschiedene Gänge nachgekocht. Der Clou ist ein Pärchen aus Biskuitporzellan, in einem Antiquitätenladen entdeckt: zwar ein bißchen kaputt, aber sorgfältig zusammengeklebt. Das Liebespärchen wurde mit Myrten und Spitzenband herausgeputzt. Das sind die originellen Kleinigkeiten, die nicht teuer sein müssen, um einer Tafel ihren unverwechselbaren Charakter zu geben. Ein Buchskränzchen mit weißem Band und Stofffröschen sowie auf dem Tisch verteilte Myrtenzweige sind der blumige Schmuck. Den warmen Kerzenschein spenden Leuchter, die man »bauernsilbern« nennt, weil sie aus Glas sind, das wie auch bei Christbaumkugeln in Silber getaucht wurde.

Taufe

Zwillinge sind angekommen! Statt einer üblichen Tischdecke oder Sets werden preisgünstige Lätzchen mit den entsprechenden Serviettentaschen »untergelegt«. Die Dekoration des Tisches wird mit allem bestritten, was man bereits als Geschenk zur Geburt bekommen hat: Strampelhöschen, Beißring, Kinderrassel und Spielsachen; ein Puppenstübchen steht da, und eine kleine Holzeisenbahn saust über den Tisch. Salzteigfiguren mit passenden Motiven, die in Lebkuchenmodels gepreßt, gebacken und dann bemalt wurden, ergänzen die Tauftafel, ebenso die frei geformten »Täuflinge«.
Püppchen laden zum Essen: Das ist nicht nur ein niedliches Spielzeug, sondern auch ein hübscher Blickfang, wenn man zur Taufe lädt; aber auch bei einer anderen Gelegenheit würde sich die Puppenrunde gut einfügen, sei es auf einem Mädchengeburtstag, oder auf einem Geburtstag betagterer Damen oder Herren: Denn mit Puppen spielen alle gern.

FLORIAN
ROSEMIE
GÜNTER

Richtfest

Die am Bau Werkelnden sind zu Gast. Neue Putzlappen (ganz billig) sind die Sets. Mit großen Stichen näht man gehäkelte Luftmaschen zum Festtag auf. Zollstöcke werden wie kleine Häuser um preisgünstiges Porzellan gelegt. Bierhumpen mit Deckel (damit der Dreck vom Rohbau nicht hereinfällt), Kerzen auf einem Hohlblockstein und als sichtbarer Beweis der Werktätigkeit zieren Hammer und Meißel die Mitte des Tisches. Die »Tischkärtchen« sind Kieselsteine, kleine Baufahrzeuge bringen Leben in die Bude. Papierservietten werden wie Fächer gefaltet und in ein Glas gesteckt. Im Hintergrund steht ein Strauß aus Tannenzweigen mit bunten Kreppbändern.

Keller Bier
Keller Bier

FESTE IM JAHRESLAUF

Valentinstag

Wie wäre es mit einem Champagnerfrühstück zum Valentinstag? Der Marmortisch wird nur mit gläsernem Geschirr ausgestattet: Gläserne Kerzenleuchter und Messerbänkchen sowie alles, was man in seinem Haushalt »Herziges« findet, zieht man zur Dekoration heran, als Vase, Tischkärtchen und Menükarte. Keramik- oder Salzteigherzchen (mit Backförmchen ausgestochen) verteilt man malerisch, die Namen werden mit Permanentstift auf ein herzförmiges Spiegelchen geschrieben. Die Servietten rollt man und umschlingt sie mit Glas- oder Plastikkugelketten, an deren Ende natürlich gläserne Herzen hängen. Dunkelrote Baccaratrosen, hochstielige Gläser und eine Flasche vom feinsten Champagne in einem gläsernen Sektkühler vollenden die Symphonie in Rot-Weiß und Glas.

Karfreitag

Fastenzeit! Keramikteller mit Fischmotiven und Fischbestecke werden zwischen gesammelte Muscheln vergangener Strandläufe plaziert. Die schönsten werden bemalt und dienen als Tischkärtchen. Einzige Farbtupfer sind Zitronen und ein Strauß aus Kräutern und Kirschtomaten, die auf Schaschlikspieße gepiekst wurden. Zarte, weiße Batisttaschentücher mit gestickten, verschnörkelten Initialen in Serviettenringen aus Perlmuttmuscheln sowie eine mit grüner Ornamentik gemalte Menükarte komplettieren die karfreitägliche Stimmung dieses Tisches.

Carla

Fröhliche bunte Ostern

Wer es an Ostern bunt und lustig liebt und nicht unbedingt auf Ton-in-Ton Wert legt, bei dem kann Ostern schon an der Tür beginnen mit dem sogenannten Palmbuschen, wie er in österreichischen und bayrischen Gegenden noch zum Brauchtum gehört. Nehmen Sie jedoch die Kätzchenzweige dafür aus Ihrem eigenen Garten und nicht aus der freien Natur. Sie wissen doch, sie sind erste Nahrung für die Bienen.
Backen Sie Lämmchen aus Biskuitteig, und das ganze Haus duftet nach Ostern; bemalte Ostereier finden sich allerorten!

Zum Beispiel auch in dem üppigen Petersilienstrauß, in dem in ungewöhnlichem Kontrast Rosen verteilt sind. Zweige mit ausgeblasenen und verzierten Eiern zu schmücken, ist meist ein recht mühseliges Unterfangen. Da eignet sich ein österlich geschmückter Kranz besser: Ihn hat man für lange Zeiten, und von Jahr zu Jahr wird er reichhaltiger.

Bajuwarische Ostern

Ein sogenanntes Rolltuch aus Großtantes Schrank, wie man es früher zum Mangeln verwendete, ist hier die farblich passende Unterlage für das blau-weiße Geschirr. Leinenservietten mit blauen bäuerlichen Motiven und blaue Kerzen sowie weiße Eier werden auf dem Tisch verteilt. Etwa acht Tage vor Ostern wird die Kresse gesät, damit sie rechtzeitig ein paar Zentimeter gewachsen ist: Weiße Eihälften mit einem Wattebausch auskleiden, darauf die Samen streuen und fleißig gießen, so daß die Watte immer gut durchtränkt ist.

Der Hase aus Gips und die Lämmchen werden so hergestellt: Formen zum Backen werden mit einem Spülmittel gut eingepinselt und statt Teig wird eine Gipsmasse eingefüllt.

Am nächsten Tag kann man die Figuren aus den Formen nehmen, die dann wieder gut gereinigt werden müssen. Nach etwa einer Woche ist der Gips ganz durchgetrocknet, wenn Sie ihn in die Nähe einer Heizung stellen, und die Figuren können mit blauen Schleifen und Blüten verziert werden. Sind es nicht

gar so viele Gäste, kann man diese Gipsfiguren als Tischkarten benutzen, indem man ihnen ein Fähnchen mit den Gästenamen an den Kopf steckt. Anschließend darf natürlich jeder sein Lamm oder seinen Hasen, je nach Wunsch, mitnehmen. Eine einfachere Tischkarte ist ein Hühnchen mit blauem Kamm und Schwanz, das man aus Karton schneidet und auf eine Ecke aus einem eingeritzten Eierkarton setzt.
Lämmchen aus der Spielkiste Ihres Kindes und als besondere Attraktion ein aus Olivenholzästchen gewundener Kranz, der mit alten Stopfeiern aus Großmutters Nähkästchen gefüllt wurde, machen diesen Ostertisch erst liebenswert. Dazu vielleicht noch eine Buchs- oder Kressewiese, in der Eier versteckt sind.

Muttertag

Einmal, wenigstens an diesem Tag, darf Mütterchen im Bett frühstücken. Das großmütterliche Service mit der dickbauchigen Kanne wird herausgeholt, ein Kuchen gebacken. Alles wird am Bett serviert, dazu ein selbst

verfaßtes Gedicht, eine Liebeserklärung in linkischen bunten Buchstaben und ein Bildchen im Rahmen. In der Schale eines ausgelöffelten Frühstückeies ist aus Kerzenresten eine neue Kerze entstanden, die einen Sockel aus Styroporverpackungsmaterial erhalten hat. Im Serviettenring aus Porzellan steckt ein Taschentüchlein mit aufgedruckten Vergißmeinnichtblüten. Salzteigherzchen legt man um einen alten ausgedienten Parfumflakon, der zur Vase ein ausgemaltes Salzteigmodel umgehängt und eine schöne weiße Rose wird hineingestellt. Prachtvolle Rosen in einer zweiten, größeren Vase werden mit Engelshaar behängt, und die Überraschung für Mutter, wenn sie liebevoll geweckt wird, ist komplett. Rosenblüten finden sich auch auf dem herzförmigen Kranz, der den Raum schmückt.

Weihnachtliche Kaffeetafel

Kein schöneres Fest als Weihnachten und keines, das sich mehr anbietet, die alten Bräuche zu pflegen und die Tische und Stuben zu schmücken, wenn die Familie mal wieder komplett zusammenkommt.
Ob am Nachmittag des Heiligen Abends oder am nächsten Morgen – alles versammelt sich zur weihnachtlichen Kaffeetafel.
Sets und die passenden Servietten mit Madeirastickerei zieren den reich geschmückten Tisch. Die Weihnachtssterne auf den Deckchen werden noch ergänzt durch Sterne, die aus Filz geschnitten sind, dazwischen Perlen von einem starken Faden zusammengehalten.
Um die Servietten ist jeweils mit einem Band ein schöner Weihnachtsbaumschmuck gebunden. Selbstverständlich dürfen die Gäste diesen behalten. Vor den einzelnen Gedecken sind kleine,

niedliche Päckchen zum Auspacken plaziert. Die Tischkarten sind aus Motiven entstanden, die aus Illustrierten ausgeschnitten wurden. Man kann jedoch auch sehr gut eine Weihnachtskugel oder ein Herz mit dem jeweiligen Namen in geeigneten Farben bemalen. An jeder Tasse hängen selbst gebastelte Figürchen aus Holz und Bucheckern. Die Kerzen stecken in kristallenen Sternen. Der Blumenschmuck kann eine Schale mit frischen Rosen und Christrosen sein oder ein Körbchen mit getrockneten Blüten, die den Vorteil haben, den ganzen Winter »frisch« zu bleiben, denn die heimischen Christrosen blühen meist nicht rechtzeitig.
Kleine selbstgebastelte Engelchen aus roter, goldener und blauer Folie mit Holz- und Wachsköpfchen, Engelshaar oder sogar echtem Haar, zieren zusammen mit Nikoläusen aller Art die Mitte: Knecht Ruprecht kommt daher in Schokoladeformen, wie sie aus alten Zeiten in verschiedenen Kakaotönen bekannt sind.

Weihnachtsessen

Alles atmet Weihnachten, die frischen Tannenzweige, der duftende Weihnachtsbraten, die Äpfel und Spezereien zur Weihnachtszeit. Passend zum Duft überall die weihnachtlichen Accessoires, Pyramiden, Nußknacker, Glocken, Kugeln, Sterne und Mistelzweige.
Eine gestickte Decke mit weihnachtlichen Motiven wird aufgelegt, das Geschirr mit weihnachtlichen Tellern wird herausgeholt. Auch hier ist es wieder so: Ein paar Weihnachtsteller als Höhepunkte genügen, man muß nicht unbedingt ein komplettes Christfest-Geschirr besitzen. Räuchermännchen zur Zierde in der Mitte, rote Kerzen im selbst getöpferten Kerzenständer, kleine Schneemänner und Tannenbäumchen aus Ton, die es aber auch zu kaufen gibt, bereichern den Tisch. Kinder läßt man Apfel-Nuß-Nikoläuse basteln, die man beliebig bemalen und ausschmücken kann: mit

roten Filzmützchen und Wattebommeln, Rauschebärten und Tortenspitzenmäntelchen. Mini-Adventssterne stellt man vor jedes Gedeck, rote Leinen-Servietten, locker gefaltet durch einen eigens gebastelten Serviettenring gezogen: So präsentiert sich dieser fröhliche, familiäre Tisch. Die Serviettenringe sind aus Tomatenmarkdöschen gebastelt, denen an beiden Seiten die Deckel abgenommen wurden.

Dann wurden sie mit grüner Porzellanfarbe bemalt und zehn Minuten im Ofen gebrannt. Die Tischkärtchen und die Menükarte sind mit Motiven beklebt, die aus Weihnachtspapier ausgeschnitten wurden. Die Tischkarten stecken in einem Pilz aus Keramik, ebenfalls leicht selbst zu töpfern. Über allem hängt der glückbringende Mistelzweig, der dem rotgrünen Tisch angepaßt ist.

Silvester

Das alte Jahr ist zu Ende, der Start ins neue beginnt. Als Tischdecke dient ein Stoffrest, und alles, was es an Glücksbringern gibt, wird zum Schmücken herangezogen: Schweinchen, Glücksklee, Kaminfeger, kleine Fliegenpilze und Marienkäferchen. Viele Kupferpfennige – blankgeputzt mit einem Reiniger für die dritten Zähne – werden auf dem Tisch verteilt. Die Tischkarte ist eine leere Kondensmilchdose. Sie wird mit der neuen Jahreszahl beschriftet, mit Pfeifenreinigern wird die scharfe Kante kaschiert, der Anfangsbuchstabe des Gästenamens – aus Pfeifenreinigern gebogen – wird daran befestigt, Luftschlangen quellen heraus, und sinnige Sprüche, das Horo-

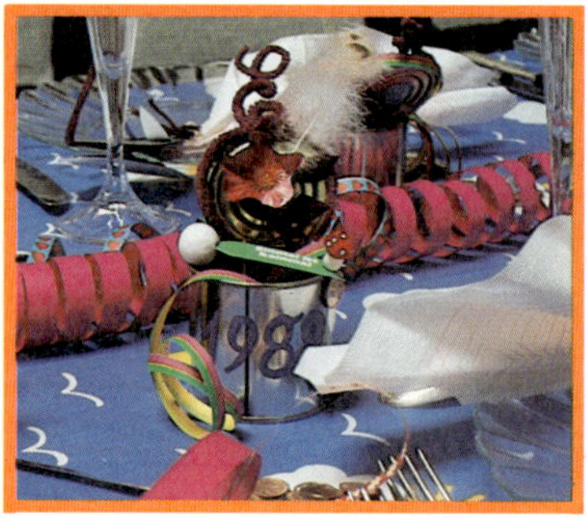

skop und Pfennige vervollständigen die »Tischkarte«. Die gefächerte Papierserviette wird von einem grauen Papiermäuschen gehalten: Eine Wäscheklammer wird mit Pappresten beklebt, das Schnäuzchen ist eine Glaskugel, das Schwänzchen ein Pfeifenstopfer, Wollfäden dienen als Schnurrbart. Die »blumige« Seite des Tisches ist eine Schale mit vielen verschiedenfarbigen Papierservietten und Sektkorken, auf Schaschlikstöckchen gesteckt. Auf vier leere Flaschen werden Schablonen der Jahreszahlen leicht angeklebt und mit einem Silberspray besprüht, so daß nach Abnahme der Schablonen die Ziffern des neuen Jahres stehen bleiben. In die Flaschen werden Raketen gesteckt, deren Zünder sicherheitshalber noch mit Stanniol umwickelt sind! Die Menükarte ist handgeschrieben und mit einem halbierten Sektkorken verziert.

NACHMITTAGS-EINLADUNGEN

Veilchentisch

Eine Frühlingswiese, die über und über mit Veilchen besät ist, wurde zum Vorbild.
Weißes Berliner Porzellan mit feinem, goldenen Rand wird mit zarten Veilchenfarben kombiniert. Die Tischdecke ist mit Veilchen bestickt, zusätzlich erhält sie zartlila Schleifen, die man vorsichtig mit kleinen Sicherheitsnadeln befestigt. Die inneren Plastikringe von Klebebändern werden mit dem gleichen Band fest umwickelt. Zum Schluß bindet man eine Schleife und einen Veilchenstrauß an den

so entstandenen Serviettenring. Als Mundtüchlein dient ein feines Batisttaschentuch, das auch mit Veilchen bedruckt ist. Viereckige, preiswerte Taschenspiegel werden mittels eines Permanentstiftes mit den Namen der Kaffeegäste versehen. Wer Zeit hat und ein Supermaler ist, kann auch da noch zusätzlich Veilchen aufmalen.
Ja, und wenn die entsprechende Jahreszeit gekommen ist, vermischt sich mit dem Kaffeeduft der verführerische Duft von echten Veilchen.

Tea for two

Zum altertümlichen, dünnwandigen Teegeschirr wurde ein zartes Mitteldeckchen auf einer gelben Decke gewählt, die den Tisch kaschiert. Duftend gelbe Honigkerzen mit umliegenden Zimtstangen werden auf goldenen Karton geklebt, der aus aufwendigen Verpackungen stammt. Ein Zimtkränzchen und Honigwaben verbreiten feine, zarte Düfte zur Tea-Time. Die teefarbenen Servietten werden mit gelben Schleifen zusammengehalten, an die kleine Engelchen gebunden sind. Die Tischkarten gestaltet man aus dem gleichen Karton. Eine Blume wird aufgeklebt, und mit einem festen Stift ritzt man den Namen ein. Zum Thema passend, wird eine Stanniol-Teepackung zur Vase umfunktioniert: Man füllt die Packung mit Gips und arrangiert darin getrocknete gelbe Blüten, die an einem Draht befestigt sind. Ein edler Portwein in schönen alten Gläsern, und die Welt kann an einem trüben, regnerischen Tag draußen vor der Tür bleiben.

Breakfast
BROKEN ORANGE PEKOE
Anne

Kindergeburtstag

Wenn Pumuckl und die Mainzelmännchen Hand in Hand gehen – dann ist Kindergeburtstag. Als Tischdecke wurde ein Mainzelmännchen-Bettbezug

aufgelegt. Die Eisenbahn saust über den Tisch, so daß die Kinder Napfkuchenstücke hin- und her transportieren können.
Aus vielen leeren Walnußschalen wird ein Geburtstagskränzchen selbst gebastelt und mit Holzzwergen und Kerzen entsprechend der Lebensjahre verziert. Das Lebenslicht leuchtet aus dem Gugelhupf.
Kunterbunte Pappteller, die in großer Vielfalt angeboten werden, mit den passenden Servietten sind das Richtige. Als Serviettenringe dienen bunte Topfreiniger und als Tischkärtchen Samentüten. Auf Selbstklebefolie sind die Namen der Knirpse geschrieben. Die Samentütchen und die Topfreiniger dürfen die Kinder natürlich später mitnehmen. So bringt jedes Purzelchen wenigstens etwas Sinnvolles mit nach Hause, denn leider hat sich in den letzten Jahren bei den Kindergeburtstagen die Unsitte eingebürgert, den eingeladenen Kindern kleine Geschenktüten mitzugeben, in denen sich Süßigkeiten befinden.
Mainzelmännchen zieren den Tisch. Wenn die »Kids« feiern, ist zum Beispiel auch braunes Packpapier eine wundervolle Tischdecke. Blechernes, rotes Emailgeschirr trotzt jeder werfenden Kinderhand. Einem kleinen Nudelholz aus dem Spielzeugladen wird mit wasserlöslichen Farben der Name aufgemalt. Statt des kleinen Nudelholzes tun es auch Kochtöpfchen, Schiffchen oder Legesteinchen. Am besten sind kleine, preiswerte Spielsachen, die die Knirpse anschließend mitnehmen dürfen. Damit gleich »Kunstwerke« zu Papier gebracht werden, liegen Buntstifte bereit. Die Serviette steckt in einer grün bemalten Papprolle.

Rosen-Kaffeetafel

Rosen, wohin das Auge blickt. Zunächst legt man eine rosige Tischdecke auf: sofern man hat, von Mütterchen gestickt. Rosentassen vom Flohmarkt, von Großmutter und Tante werden bunt zusammengewürfelt – Hauptsache Rosen.
Man verteilt malerisch Röschen aus Biskuitporzellan auf dem Tisch oder auch frische Rosen oder aber nur Rosenblätter. In den Vasen arrangiert man Babyröschen und an der Seite macht sich ein Trockenblumengesteck mit getrockneten Rosen und Blättern besonders hübsch. Langlebig wäre auch ein schönes

Seidenrosengesteck, das sich natürlich auch bei vielen anderen Gelegenheiten verwenden läßt. Rosige Serviettenringe enthalten zierliche mit Blümchen bestickte Taschentücher. Alles was an »Rosigem« im Haushalt zu finden ist, bereichert die Rosen-Kaffeetafel.
Die Serviettenringe lassen sich mühelos selbst basteln ebenso wie die Tischkarten. Weißer Karton wird entsprechend geschnitten und mit Abziehbildern oder aus alten Rosenkatalogen ausgeschnittenen Blüten beklebt. Stellt man nun noch eine Schale Wasser auf, in die man einige Tropfen Rosenöl träufelt und reicht einen Rosenlikör, wird ein betörender Duft den Raum erfüllen, und alle Gäste werden an diesem Tisch rosigen Zeiten entgegen sehen.

L'heure bleue

Naturseide, ein Stoffrest vom Ausverkauf, wird mit blauen Seidenbändern verziert. Statt Kuchentellern werden Weinblätter aus Porzellan mit weißen Mokkatäßchen kombiniert. Dunkelblaue blütenbedruckte Taschentüchlein dienen als Servietten, festgehalten von bunten Glasvögelchen, die ansonsten als Christbaumschmuck Verwendung finden. Als treffliche Tischkarten eignen sich Salzteigbuchstaben, die bemalt wurden.

Am besten, man legt sich von den gebräuchlichsten Buchstaben einen Vorrat an.
Eine im Kindergarten gebastelte Schachtel aus Glanzpapier mit Salzteigherzen beklebt, ist aufnahmebereit für ein Blumengesteck, das mit farblich harmonierenden Trockenblüten besteckt ist. Bunte Likörgläschen zum blauen Likör und verschiedene Zuckersorten in kleinen chinesischen Enten runden die blaue Grundstimmung ab.
Herbstlich gefärbte Brombeer- und Erdbeerblätter geben zusätzliche Farbtupfer und verstärken die sowieso schon etwas wehmütige, sentimentale Stimmung der blauen Stunde.

Strickkränzchen

Der altrosa-grau-weißen Tischdecke angepaßt ist das Geschirr: weiß mit kleinem, silbernen Rand. Glückswürfel aus weißem Zucker streut man auf den Tisch. Sterne werden aus Salzteig oder aus Ton ausgestochen, gebrannt und ohne Glasur als Tischkarte genommen. Kleine Glaselefanten halten Batisttücher als Servietten in ihrem Rüssel. Und als Blumenschmuck steht auf dem Tisch sowohl eine frische Malve in einer leeren Flasche als auch ein der Strickrunde adäquater »Strauß«: Wollknäuel werden auf Strick- und Häkelnadeln gepikst und in einem leeren Marmeladenglas arrangiert, das mit Kreppapier verkleidet wurde und dadurch fein genug für den Tisch wurde.

Gitta

VERZEICHNIS: GEFALTETE SERVIETTEN

Titelbild: Claus Arius
Fotos: Claus Arius, Florian Schulze, außer: S. 33: Styling und Realisation A. F. Endress, Fotografie M. Tessmann / Studio Tessmann und Endress; S. 38, 39, 42, 43, 46, 47, 54, 55, 56, 57: Photo-Design-Studio Gerhard Burock
Zeichnungen: Gerhard Scholz
Grafische Gestaltung: Grafik-Design Gerhard Wawra

Satz: Dinges+Frick, Wiesbaden
Druck: Neue Stalling GmbH, Oldenburg

1999962689X7 2635 4453 6271